U0121086

解译法规

《国际藻类、菌物和植物命名法规》读者指南

第2版

〔德〕尼古拉斯·特兰德　著

邓云飞　马金双　译

河南科学技术出版社
·郑州·

内容简介

　　《解译法规》第2版是《国际藻类、菌物和植物命名法规》特别是2018年的《深圳法规》的使用指南。作者试图创建一个相当清晰而简单、但不过度简化的文本，尽可能使用简单的语言，并解释必要的专业术语。章节的编排是为了便于快速查阅，例如，某些规则的重要日期、如何发表一个新名称、如何为一个分类群寻找正确名称、如何指定模式、如何提议保留或废弃一个名称，甚至如何尝试更改《法规》本身。同样，为了快速参考，文本使用小标题、方框、项目符号列表、表格、图和黑体关键词。本版本增加了许多新内容，并全面更新以与《深圳法规》一致。

图书在版编目（CIP）数据

　　解译法规：《国际藻类、菌物和植物命名法规》读者指南 /（德）尼古拉斯·特兰德（Nicholas Turland）著；邓云飞，马金双译. —2版. —郑州：河南科学技术出版社，2024.2

　　ISBN 978-7-5725-1421-0

　　Ⅰ.①解… Ⅱ.①尼… ②邓… ③马… Ⅲ.①植物–命名–法规–法律解释–世界 Ⅳ.①D912.105

　　中国国家版本馆CIP数据核字（2024）第022468号

出版发行：河南科学技术出版社
　　　　　地址：郑州市郑东新区祥盛街27号　　邮编：450016
　　　　　电话：（0371）65788613　65788631
　　　　　网址：www.hnstp.cn
策划编辑：陈淑芹
责任编辑：申卫娟
责任校对：牛艳春
封面设计：张　伟
责任印制：徐海东
印　　刷：河南省环发印务有限公司
经　　销：全国新华书店
开　　本：720 mm×1 020 mm　1/16　印张：13.5　字数：250千字
版　　次：2024年2月第1版　　2024年2月第1次印刷
定　　价：128.00元

如发现印、装质量问题，影响阅读，请与出版社联系并调换。

前　言

　　编写这个《解译法规》第2版的目的是作为《国际藻类、菌物和植物命名法规》（简称《法规》）——特别是《深圳法规》（Turland & al., 2018）——的读者指南。和第1版（Turland, 2013）一样，我的目标是努力创作相对简洁明了的文字，这难免无法囊括每一条规则并解释作为使用者可能遇到的每一种情形。一本非常简洁的指南可能会被迫忽略许多重要的细节，以致我担心它用途有限，但是，一本真正全面的指南甚至会比《法规》本身更复杂而令人望而生畏。这两种假设的指南似乎都有悖于我的目标，因此，我取而代之地提供一条我希望的中庸之道，既不过于简单，也避免不必要的复杂。在我意识到使所有潜在的使用都满意是徒劳的之后，我希望这本指南对那些《法规》的初学者以及那些虽然富有经验但对晦涩难解的细节不熟悉的人均有所帮助。如此安排这些章节是为了便于快速查阅指南，如特定规则的重要日期、如何发表一个新名称、如何给一个分类群找到正确名称、如何指定一个模式、如何设法变更《法规》本身等。再次考虑到快速查阅，我使用了副标题、扩展框、分项列表、表格和粗体关键词等。我已尽量使用通俗易懂的语言来解释《法规》的文本，然而，为了使用这个指南，有必要了解一些专业术语（这些内容见第二章）。

　　在写作本书第2版时，我的目的如下：①根据《深圳法规》更新指南；②更正第1版中发现的错误；③删除第1版中任何过时的内容；④增加那些改善指南的新内容；⑤尽量在不增加过多复杂性的前提下增强清晰度和精确度。

　　一些读者都知道各种语言的生物命名指南。我并不打算在这儿将它们全部列出，但要提到三本英文的例子。《生物命名》〔*Biological nomenclature*〕（Jeffrey, 1989）在其第3版中包含的范围很广，涉及生物命名法的一般问题，并讨论了同时期的植物、动物和细菌法规。《植物名称：植物命名指南》〔*Plant names: A guide to botanical nomenclature*〕（Spencer & al., 2007）的第3版中涉及植物命名（即植物，不是藻类或菌物）和栽培植物命名。《植物的名称》〔*The names of plants*〕（Gledhill, 2008）在其第4版中涉及藻类、菌物和植物的命名，并包括一个篇幅极大（381页）的属名、加词和构词成分及其含义的术语表。

　　你可能对我如何参与到生物命名感到好奇，在这种情况下，下面这份简短的自传体梗概可能会满足你的兴趣。1993年，我主要作为一名志愿者，在伦敦自然历史博物馆植物学部从事植物区系项目的工作。当时，查理·贾维斯〔Charlie Jarvis〕领导的"林奈植物名称的模式标定项目"有一个职位空缺。我去应聘这个工作并获得面试机会，我努力使全体面试专家信服我已经掌握命名法的基本原理而且熟悉数据库，这样我得到了这份工作。我幸运地得到了一本法规，即当时的《柏林法规》，并接下来花了数天时间从头至尾研读了一遍（在本指南中提及的《法规》所有版本的细节及国际植物学大会可参见第十四章）。事实证明，这是明智之举，因为这份犹如炮火洗礼般的工作使我接下来沉浸在林奈的18世纪的世界里，或更准确地说是对其在20世纪末期的解释。原始材料、林奈的注释、后选模式、新模式、附加模式、现存用法、有效模式标定、保留和废弃都变成了日常用语。但是，唉！天下没有不散的宴席，我的固定期限合同在1997年终止了；之后，我转到圣路易斯的密苏里植物园的新职位，从事《中国植物志》〔Flora of China〕的工作。

　　1999年，圣路易斯是第十六届国际植物学大会的主办地。我怀着强烈的兴趣参加了命名法分会，并很荣幸地被当时的总报告人维尔纳·格罗伊特〔Werner Greuter〕邀请任职于《圣路易斯法规》编辑委员会。接下来，做了大量工作去核实《圣路易斯法规》附录IIB（保留科名）的拟议修订；然后，又进一步为向2005年的维也纳大会报告的有关属以上名称的特别委员会开展工作。2003年，维也纳大会的总报告人约翰·迈克尼尔〔John McNeill〕提议我为副报告人。这需要我与他紧密合作，共同编辑Taxon〔《分类群》〕上的"修改《法规》的提案"专栏，在2005年维也纳大会前准备提案梗概，协助组织在维也纳的命名法分会，以及再次任职编辑委员会完成《维也纳法规》。在墨尔本大会前的几年间，我参加了电子出版物的特别委员会，该委员会制定了现在允许电子媒介成为有效出版物的规则；并且，我再次在2011年的墨尔本大会担任副报告人并任职《墨尔本法规》的编辑委员会。在墨尔本大会上，约翰·迈克尼尔决定不再寻求再次竞选2017年深圳大会的总报告人，我被提名并当选为其继任者。当《墨尔本法规》还在制版时，我就编写《法规》的使用指南，即2013年出版的The Code Decoded〔《解译法规》〕第1版；当时，我也从圣路易斯移居柏林开始了一个新的职位，在柏林植物园暨植物博物馆任出版主管。在深圳大会之前的几年间，我与新的副报告人约翰·维尔塞马〔John Wiersema〕一起编辑了397项修改《法规》的提案，并发表了提案梗概。我也在有关命名法分会章程的特别委员会和关于菌物的《法规》管辖的特别分委员会中任职。这些委员会写作了已成为第3篇（《法规》

管辖的规程）的规则，以及后一委员会在建立第F章（处理为菌物的有机体的名称）方面发挥了作用。在深圳大会上，我再次当选为2023年里约热内卢大会的总报告人。在大会召开仅仅11个月后，《深圳法规》于2018年6月出版了，这得益于一届优秀的编辑委员会的高效工作。担任总报告人已经非常令人满意，我期待着在今后几年继续担任这一职务。

致 谢

我感谢每一个对本指南的两个版本直接或间接做出贡献的人。我非常感谢查理·贾维斯（伦敦自然历史博物馆），在我参与"林奈植物名称的模式标定项目"期间（1994~1997年），他耐心地帮助我提升了藻类、真菌和植物命名的全面基本知识；约翰·迈克尼尔（爱丁堡皇家植物园），他将我从初级水平培训提升至更高水平，在我协助他担任副报告人期间（2003~2012年），持续不断地分享他渊博的知识和数十年的经验，他还审阅了本书的初稿。我还热烈感谢桑迪·纳普〔Sandy Knapp〕（伦敦自然历史博物馆）和约翰·维尔塞马（美国农业部）在2017年深圳大会命名法分会分别担任主席和副报告人时的辛勤工作、幽默风趣和支持鼓励；是桑迪·纳普说服我写作本书第2版。玛丽亚·沃龙佐娃〔Maria Vorontsova〕（皇家植物园邱园）对本指南第2版的手稿进行了全面审阅，并提出了许多很好的建议。罗伯特·格拉德斯坦〔Robbert Gradstein〕和弗朗茨·斯塔德勒〔Franz Stadler〕（分别为主编和制作编辑）和两位匿名审稿人也为第1版提供了有益的评论和指导。我感谢Pensoft出版公司的柳博米尔·佩内夫〔Lyubomir Penev〕、特奥多尔·乔治耶夫〔Teodor Georgiev〕和斯拉莱娜·佩涅娃〔Slavena Peneva〕在第2版的设计、编排和出版上的帮助。我还感谢以下各位提供的忠告、鼓励、建议、信息和评论：康斯坦茨·本施〔Konstanze Bensch〕（菌物库〔MycoBank〕，乌得勒支/慕尼黑）、马丁·克里斯滕胡斯〔Maarten Christenhusz〕（植物网关〔Plant Gateway〕）、文森特·德穆林〔Vincent Demoulin〕（列日大学）、亚当·哈兰斯基〔Adam Halamski〕（波兰科学院古生物学研究所）、帕特里克·赫伦丁〔Patrick Herendeen〕（芝加哥植物园）、希瑟·林登〔Heather Lindon〕（皇家植物园邱园）、卡罗尔·马霍尔德〔Karol Marhold〕（斯洛伐克科学院植物研究所，布拉迪斯拉发；布拉格查尔斯大学）、布鲁斯·马斯林〔Bruce Maslin〕（西澳大利亚标本馆）、汤姆·梅〔Tom May〕（维多利亚皇家植物园）、乌尔里希·梅夫〔Ulrich Meve〕（巴伊罗伊特大学）、柳博米尔·佩内夫〔Lyubomir Penev〕（Pensoft出版公司）、鲁道夫·施密德〔Rudolf Schmid〕（加州大学，伯克利）、凯文·蒂勒〔Kevin Thiele〕（西澳大利亚标本馆）；下列柏林自由大学柏林植物园暨植物博物馆（BGBM）的同仁：托马斯·博尔施〔Thomas Borsch〕、维尔纳·格罗伊特〔Werner

Greuter〕、沃尔夫-亨宁·库斯伯〔Wolf-Henning Kusber〕和汉斯·沃尔特·莱克〔Hans Walter Lack〕。下列单位友好提供和（或）授权许可复制已发表材料、标本馆标本图片或照片：美国植物分类学家学会〔American Society of Plant Taxonomists〕、BGBM出版社、日内瓦市博物馆暨植物园〔Conservatoire et Jardin botaniques de la Ville de Genève〕、捷克菌物科学学会〔Czech Scientific Society for Mycology〕、张力（仙湖植物园）、伦敦林奈学会〔Linnean Society of London〕、密苏里植物园出版社〔Missouri Botanical Garden Press〕、智利国家自然历史博物馆〔Museo Nacional de Historia Natural (Chile)〕和罗伯特·吕金（BGBM）。第1版出版者和版权所有者国际植物分类协会〔The International Association for Plant Taxonomy〕授权许可这一第2版的出版，并资助其为开放获取出版物。最后，我再次衷心感谢我的妻子克里斯蒂娜继续容忍我花大量时间致力于命名法。

目　录

第一章 概　述

学名对俗名

命名有机体的目的是为其交流提供手段。一个广泛理解、准确而稳定的命名系统是有效的科学交流的基础。一个简单的命名系统也很必要，但不幸的是简洁而准确并非总是可以兼得。

几千年来，世界各地的人们一直在为植物（可能还有菌物和藻类）命名。一种利用这些有机体作为食物、药物、木材、纤维、思维改变等的文化，需要一种指代特定有机体的方法，而俗名〔common names〕（也称为方言名〔vernacular names〕）可能存在于每一种语言中。

这些俗名中，很多反映了植物的某些物理方面的特性。名字bluebell〔蓝铃花〕源于蓝色的钟形花朵。名字Cuckoo pint〔白星海芋〕并不是来源于鸟和容量单位，而是来源于古英语cuic和pintel，分别表示"活泼的（快速的）"和"雄性生殖器官"，指的是它具直立、圆柱状的肉质佛焰苞的花序。有时，植物用途也是取名的基础，如可以药用的夏枯草〔self heal，自愈〕和水苏〔woundwort，创伤草〕；飞蓬〔fleabane〕用于控制寄生虫；垫子草〔beadstraw〕用作铺床材料。俗名里常常也隐含了民间分类学〔folk taxonomy〕，而这可能与一个类群的现代科学分类系统一致。例如，在英语和德语里分别命名为各种各样的oak或Eiche〔橡树〕的乔木或灌木，科学地命名为*Quercus*〔栎属〕；从而，durmast oak或Traubeneiche〔无梗花栎，岩生栎〕是*Q. petraea*〔岩生栎〕；holm oak或Steineiche〔圣栎〕是*Q. ilex*〔冬青栎〕；white oak或Flaumeiche〔白栎〕是*Q. pubescens*（在欧洲，而在北美的白栎则是*Q. alba*）。然而，橡树〔oak〕这个名字也可以用来指在系统发育上没有什么关系的植物，例如，北美西部的poison oak〔毒橡树〕是*Toxicodendron diversilobum*，它与栎属并无密切的亲缘关系。同样，英国的white bryony〔白泻根〕和black bryony〔黑泻根〕分别是*Bryonia cretica*和

Dioscorea communis；它们是攀缘的非木质藤本植物，但是，彼此同样完全没有亲缘关系。

然而，俗名的问题在于，它们可能为讨论有机体提供了一个通俗"称呼"，但往往是有歧义的，常常有许多名字共同用于同一种有机体，也有许多例子是同一种或不同种语言的相同名字在不同的地区被用于不同的有机体。在英国，cuckoo-flower这个名字被用于10个科的17个物种（Watts，2000）。这些种类中有一种可能比其他任何一种植物有更多的英国俗名，包括lords-and-ladies、parson-in-the-pulpit、cuckoo-pint和一些仅在某一地区使用的名字，如ram's-horn（萨塞克斯郡）和adder's-tongue（康沃尔郡和萨默塞特郡）。Bluebell这个名字在英格兰、苏格兰和北美被用于三个完全不同的物种，而苏格兰的bluebell在英格兰是harebell。

有机体的科学命名在16世纪到18世纪得到发展的时候，科学的通用语言是拉丁语。这就是名称使用拉丁语言的原因。虽然希腊语派生的词也被使用，的确还有许多单词源自其他语言，但它们都被处理为拉丁文。其基本原理是，科学名称（通常称为拉丁名）在全世界范围内使用，使说着不同语言的科学家彼此能轻松交流。在上面给出的例子中，被不同人称为lords-and-ladies、parson-in-the-pulpit、cuckoo-flower、cuckoo-pint、ram's-horn和adder's-tongue的不仅在英国而且在世界其他地方都是*Arum maculatum*。英格兰的bluebell在任何地方都是*Hyacinthoides non-scripta*〔风信子〕；北美的蓝铃花是*Mertensia virginica*；苏格兰的bluebell和英格兰的harebell均是*Campanula rotundifolia*〔圆叶风铃草〕；英语的toothwort和德语的Schuppenwurz是*Lathraea squamaria*〔欧洲齿鳞草〕；北美的toothwort和英格兰的bittercress是碎米荠属〔*Cardamine*〕的种类，而另一种英格兰的cuckoo-flower是*Cardamine pratensis*〔草甸碎米荠〕。因此，在全球化背景下，使用俗名可能会含糊不清并非常容易混淆，而使用科学名称则可以实现更准确的交流。

当前的生物命名体系可以追溯到18世纪中叶，当时，瑞典博物学家卡罗勒斯·林奈〔Carolus Linnaeus〕（卡尔·冯·林奈〔Carl von Linne〕）出版了他的《植物种志》〔*Species Plantarum*〕和《自然系统〔Systema naturae〕》（Linnaeus，1753，1758年），其中引入了双名〔binomial〕（有时称为binominal或binary，即"双名"）系统。一个双名是一个物种的名称（在此，一个物种被认为是由一群有机体个体组成的基本分类学单位）。一个双名由属的名称（如*Quercus*〔栎属〕）后跟随现被称为种加词而林奈所称的普通名〔nomen triviale〕（如*robur*）组成，*Quercus robur*〔夏栎〕由此构成。这是一种非常方便的命名数百万种有机体的方法，因为即使你只知道一个物种的名称，你也已经知道它属于哪个属。记住数量相对较少的属的名称和分类学位置要比记住数量非常多的种的名称容易得多。

分类学和命名法是不同的事情

分类学（或系统学）是一门研究在一个系统中对有机体进行界定和分类的科学。命名法是指为那些有机体提供参考的方法，即名称。随着新资料的不断出现，特别是在从分子研究中推断出的进化关系，分类处于不断变化的状态。那种认为任何一种特定的分类都应该作为一群有机体的最终结果被固定下来，是非常不科学的。由于现行命名系统的本质，这种持续不断的分类重新评价过程不可避免会导致一定程度的命名变化。将科改变为亚科会导致名称的改变，例如，Pyrolaceae变为Pyroloideae。将一个属从一个科移到另一个科并不会导致名称的改变。因为在双名系统中，接受的属名是种名的组成部分，将一个物种从一个属转移到另一个属必然导致名称的改变，例如，当最初描述为*Hyacinthus non-scriptus*的物种从风信子属〔*Hyacinthus*〕转移至蓝铃花属〔*Hyacinthoides*〕时，其名称必须被改为*Hyacinthoides non-scripta*。同样，将一个变种从一个种转移到另一个种会导致名称的改变。属级以下的名称包括一个内在的分类关系：一个命名为*Hyacinthoides non-scripta*的物种属于蓝铃花属〔*Hyacinthoides*〕，但是，一个命名为*Hyacinthoides*〔蓝铃花属〕的属可属于任何科，如天门冬科〔Asparagaceae〕、风信子科〔Hyacinthaceae〕或百合科〔Liliaceae〕。这并不意味着命名法指定一个特定的分类。分类学和命名法是完全不同的事物。分类学家利用研究证据得出一个特定的分类，然后利用命名规则将正确名称应用到所确认的分类群。

生物命名的规则

制定生物命名规则的目的是为命名有机体提供一种稳定的方法，避免和废弃使用可能引起错误、歧义或混淆的名称。植物、菌物和藻类的科学命名的现行规则包含在《国际藻类、真菌和植物命名法规》〔*International Code of Nomenclature for algae, fungi and plants*〕（《深圳法规》；Turland & al.，2018）中。除非另有所指，本指南中的《法规》系指《深圳法规》。2011年，在墨尔本举行的第18届国际植物学大会上，该名称被正式更改，而之前的名称是《国际植物命名法规》〔*International Code of Botanical*

Nomenclature〕，简称ICBN。"ICN"是"International Code of Nomenclature"的首字母缩写，最好避免使用，因为它可以指下文将详细介绍的五种生物法规中的任何一种。请注意，《法规》的当前版本将取代以前的所有版本。因此，使用以前的版本是非常危险的，因为你可能会遵循已更改的规则，或者无法遵循新的规则。

《法规》管理传统上处理为藻类、菌物和植物（无论是化石或非化石）的所有有机体的命名，包括蓝绿藻（蓝细菌〔Cyanobacteria〕）、壶菌〔chytrids〕、卵菌〔oomycetes〕、黏菌类〔slime moulds〕和光合原生生物〔photosynthetic protists〕及分类学上与其近缘的非光合类群（但微孢子虫〔Microsporidia〕除外）。也涵盖杂种的命名。但是，栽培植物的命名是由国际栽培植物命名委员会授权下起草的《国际栽培植物命名法规》〔International Code of Nomenclature for Cultivated Plants〕（ICNCP或《栽培植物法规》〔Cultivated Plant Code〕），现在是其第9版（Brickell & al.，2016）。另外三个法规管理动物、原核生物（细菌等）和病毒的命名，它们分别是《国际动物命名法规》〔International Code of Zoological Nomenclature〕（ICZN或《动物法规》〔Zoological Code〕；International Commission on Zoological Nomenclature，1999）、《国际原核生物命名法规》〔International Code of Nomenclature of Prokaryotes〕（Parker & al.，2019）和《国际病毒分类与命名法规》〔International Code of Virus Classification and Nomenclature〕（International Committee on Taxonomy of Virus，2018）。

不同于大多数现代科学（如生态学），藻类、菌物和植物的命名仍然要充分利用自1753年以来的文献，在这方面，它看起来更像历史学而不是科学。这种强烈的历史因素之所以仍然持续存在，是因为除非有明确的限制，《法规》的规则可以追溯至1753年。追溯既往的意思是它们的功能仿佛是在1753年就已纳入《法规》中，甚至《法规》好像在1753年就已经存在。实际上，1867年阿尔方斯·德·坎多尔〔Alphonse de Candolle〕发表其《植物命名规则》〔Lois de la Nomenclature Botanique〕（Candolle，1867）之前，《法规》是不存在的，而今天的《法规》大部分内容是自1867年开始添加的。

《法规》的新手和老手都会赞成它是一个非常复杂的文本。从坎多尔的《植物命名规则》开始，这种复杂性已经经历了超过17个版本的发展。纵观这150多年的历史，出现的各种各样的问题，促使科学家每隔几年就在国际植物学大会以及自2018年以来在国际菌学大会上完善规则。每次使《法规》变得更精确一些，但同时也变得更复杂一些。有些规则是至关重要的，而另一些规则只是为了管理罕见情形而存在的。基本规则有时非常简单，而管理罕见情形的规则有时非常复杂，反之亦然。没有必要为了获得命名方面的能力而学习和理解《法规》中的每一条规则。本指南旨在强调最重要的规则。

　　《法规》的规则不是法律，但是自愿遵守是国际共识，即世界上多数的植物学家、菌物学家和藻类学家都同意遵守这些规则。按照这个规则发表的科学名称可获得国际认可。在另一套替代的规则下发表的名称可能会得到遵守那些特定规则的特定科学家群体所接受，但是它们不会被国际学术界普遍接受。

《生物法规草案》

　　在过去几十年里，人们尝试将现行不同的生物法规的术语和规则整合为一套单独的生物命名规则，这就是所谓的《生物法规草案》〔*Draft BioCode*〕（Greuter & al., 1998，2011）。现行的这些法规虽然有许多共同之处，但在某些情况下却有着相当不同的规则。例如，藻类、菌物和植物的《法规》规定，那些种加词完全重复属名的重词名不能被合格发表，而像*Glis glis*〔睡鼠〕和*Rattus rattus*〔黑鼠〕这样的重词名在ICZN中却是允许的。同名也是一个问题，即两个或更多个名称拼写相同，但（通常）应用于不同的有机体。一个晚出（或较晚的）同名在藻类、菌物和植物的《法规》中不能是合法的，或者在ICZN中不能是潜在有效的，这些规则只能应用在它们各自的法规中，相互间很少有交叉；所以，如应用于木本植物的*Pieris*和应用于蝴蝶的*Pieris*都是合法的/潜在有效的名称。不同法规之间在术语方面也存在问题，不同的术语用于同一个概念或相同的术语用于不同的概念。表1中的例子说明了这一点（第6页）。

　　《生物法规草案》由国际生物命名委员会（International Committee on Bionomenclature, ICB; http://www.bionomenclature.net）发起，目的在于通过其最终被生物界各学科所采用来解决这些问题。《生物法规草案》的相对简单性源于它只涉及现在和将来的名称；它并不试图管理过去约250年的命名。正因为如此，只有当各个独立的法规同意引入新名称的强制注册并采纳受保护名称目录（称为"现行使用中的名称"〔Names in Current Uses〕[NCU]目录）之后，它才能得以有效实施。然而，至少植物学家和动物学家缺乏对《生物法规草案》的热情，以至于国际生物命名委员会在2012年决定不再寻求其实施，而是使用它作为一个框架，促进不同生物学科和命名法规之间的交流，并维持它在未来某个日期如果需要时的可用性。关于生物命名法所面临的挑战的讨论见Knapp & al.（2004）。

表1　五个生物命名法规中名称的三个地位使用的术语比较

（其他术语及在生物命名法中推荐使用的术语见David & al.，2012）

《国际藻类、菌物和植物命名法规》	《国际动物命名法规》	《国际原核生物命名法规》	《国际病毒分类与命名法规》	《国际栽培植物命名法规》
合格发表的 validly published	可用的 available	合格发表的 validly published	建立的 established	建立的 established
合法的 legitimate	潜在有效的 potentially valid	合法的 legitimate	有效的 valid	可接受的 acceptable
正确的 correct	有效的 valid	正确的 correct	接受的 accepted	接受的 accepted

《谱系法规》

　　尽管已有讨论认为根据藻类、菌物和植物的《法规》命名演化支没有内在障碍，但是，目前针对《法规》的批评之一是现代系统发育学与基于等级的"林奈式〔Linnaean〕"命名分类阶元系统不相容（Barkley & al.，2004）。近年来，一种替代系统正在孕育之中，即为命名有机体（无论是现存的或灭绝的）所有分支提供规则的《国际系统发育命名法规》〔*International Code of Phylogenetic Nomenclature*〕或《谱系法规》〔*PhyloCode*〕（Cantino & Queiroz, 2010）。《谱系法规》可与被其称为基于等级的法规（即藻类/菌物/植物、动物、原核生物和病毒的四种传统法规）同时使用。《谱系法规》依赖于基于等级的法规来确定已有名称的可接受性，但它独立地管理这些名称的应用。它仍是一份正在修订中的草案，并将在*Phylonyms: a Companion to the PhyloCode*〔《谱系名：谱系法规手册》〕发表后生效，不具追溯力。

第二章　基本概念与术语

在开始专注于有关《法规》所涵盖的特定主题的章节之前，有必要思考在藻类、菌物和植物的命名法中使用的一些基本概念和术语。关键词用**黑体字**突出显示。提供了对《法规》中相关定义的引证。

《法规》分为带编号的段落。**条款**〔article〕（Art.）是强制性的规则，而**辅则**〔recommendation〕（Rec.）则是选择性的指南。**注释**〔notes〕是解释在规则中可能未明显呈现、但已明确或隐含地涵盖在《法规》的其他地方的内容。因此，注释具有约束力。**例子**〔example〕（Ex.）是用来阐明条款和辅则的。

《法规》定义一个**分类群**〔taxon，复数：taxa〕为任何等级的任何分类学类群（条款1.1），如变种、种、属、科、界，其中，分类学类群是在一个分类系统中的一群有机体。任何支系的终末点可被单独处理为分类群，还可集合成较高等级的分类群。种级以下的分类群称为种下分类群〔infraspecific taxa〕，而属〔genus〕（复数：genera）级以上的分类群称为属上分类群。请注意，应避免使用"属下分类群〔infrageneric taxon〕"作为属和种之间分类群的术语，因为严格地说，它是指属以下任何等级的分类群，即包括种和种下分类群。更好的术语是属内次级区分〔subdivision of a genus〕。同样，科内次级区分〔subdivision of a family〕比"科下分类群〔infrafamilial taxon〕"更可取。请注意，这种对分类群的正确用法比在生物多样性调查中经常看到的"种和种下分类群"的非正式用法（和错误用法）要广泛得多，如"在这个区域有 x 个分类群"。

化石分类群〔fossil-taxon〕定义为其名称基于化石模式的分类群（条款1.2）。一个化石分类群由亲本有机体在一个或多个保存状态下保存的一部分或多个部分、或其生活史的一个或多个阶段的遗骸组成。相对应的是**非化石分类群**〔non-fossil taxon〕，其名称是基于非化石模式。注意，根据《法规》，硅藻即使被发现时是化石状态也处理为非化石分类群。注意术语化石分类群中的连字符；当化石分类群是属、种或变种时，被分别称为化石属〔fossil-genus〕、化石种〔fossil-species〕或化石变种〔fossil-variety〕；化石变种是种下化石分类群。

名称与分类群

名称与分类群是完全不同的概念。一个分类群是一群具体的有机体，而名称是作为指代方式应用于那些具体有机体的标签。一个分类群是被描述的，而一个名称则是被发表并应用于一个分类群。在《法规》中具有地位的名称必须是合格发表的（见第10页）。

本《法规》的第H章对**杂种**〔Hybrids〕做了特别规定。一个杂交的分类群称为**杂交分类群**〔nothotaxon〕（源自希腊文νόθος，nothos，杂交）。因此，一个杂交种是两个或更多种之间的杂交，一个杂交属是两个或更多属之间的杂交，等等。一个杂交分类群可以给予一个名称，如*Salix × capreola*，它也可以写成一个杂种表达式，如*Salix aurita ×S. caprea*。乘号（×）表示杂交（见第116~118页）。

《法规》允许在连续的从属**等级**〔rank〕上设置数量不限的分类群，将种处理为基本分类等级（条款2），并在种之上和之下命名一些等级（条款3和4）。分类群当然不限于这些命名的等级。可以通过在等级前加上前缀"sub-〔亚-〕"来插入更多等级，如亚种、亚属、亚科等。如果需要更多等级（在命名代表一个大的系统发育树中演化支的分类群时，很可能是必要），只要不引起混乱或错误（条款4.3），根据需要可插入任何数量的等级，如将添加前缀"supra-〔超-〕"至一个等级，如超目或超种。例如，亚种将直接插入在种下，而超种将被直接插入到种上。

表2（第9页）给出了分类群命名的等级。指示等级的术语用拉丁文，但现代语言的形式也被经常使用，这是正确的，就像这里提供的英语等同语一样（请注意，门、属、系和种在拉丁文和英文中是相同的）。重要的是要记住，这些已命名的等级的相对顺序不能改变（条款5.1）。《法规》还推荐了这些等级大多数的标准缩写（辅则5A），如表2（第9页）所示。注意亚属被缩写为subg.，尽管逻辑上它应该是"subgen."。

一个**采集**〔gathering〕是用于由同一采集者（队）在同一时间自单一地

点制作的被推定为单一分类群的采集物的术语（条款8.2脚注）。一份标本是属于单一种或种下分类群的整个采集或一个采集的部分（忽略混杂物），装订为单一制品（如标本馆台纸、盒、液体容器或载玻片）、或包含的各部分被清楚标注为属于同一标本的部分或具有共同的单一原始标签的多个制品（条款8.2和8.3）。属于相同采集的两份或多份标本是**复份**〔duplicates〕（条款8.3和脚注）。只要所有材料都属于如上述定义的同一采集，一个单一的标本可以是一个或多个有机体的一个部分、多个部分或全部，如开花和结果或雄性和雌性的材料。

表2 分类群的命名等级，以降序排列

命名等级	拉丁文等级指示术语	英文相应术语	推荐的缩写
界	regnum	kingdom	–
亚界	subregnum	subkingdom	–
门	divisio or phylum	division or phylum	–
亚门	subdivisio or subphylum	subdivision or subphylum	–
纲	classis	class	cl.
亚纲	subclassis	subclass	subcl.
目	ordo	order	ord.
亚目	subordo	suborder	subord.
科	familia	family	fam.
亚科	subfamilia	subfamily	subfam.
族	tribus	tribe	tr.
亚族	subtribus	subtribe	subtr.
属	genus	genus	gen.
亚属	subgenus	subgenus	subg.
组	sectio	section	sect.
亚组	subsectio	subsection	subsect.
系	series	series	ser.
亚系	subseries	subseries	subser.
种	species	species	sp.
亚种	subspecies	subspecies	subsp.
变种	varietas	variety	var.
亚变种	subvarietas	subvariety	subvar.
变型	forma	form	f.
亚变型	subforma	subform	subf.

分类群的名称的应用取决于命名**模式**〔type〕（条款7.1）。一个模式是一个分类群的名称所永久依附的一份标本，或在某些情形下的一幅图示（条款7.2）。因而，一个名称有一个模式，而一个模式属于一个分类群；从而，

一个分类群并没有一个模式，但可包含一个模式。请注意，一个模式不一定是一个分类群的最典型（即正常的）或最适当的样本，尽管在理想状况下，它应该提供一个名称和一个分类群之间的联系。1958年1月1日，在发表一个属或以下等级的新分类群的名称时，指明模式变成为强制性的。因而，一个1958年以前发表的新分类群名称未必有一个模式，这在其应用上往往导致歧义，并且需要以后选择一个模式，即后选模式（见第七章）。

一个新名称、新的模式标定或其他命名行为在《法规》中具有地位之前，它所出现于其中的出版物必须被**有效发表**〔effectively published〕（条款29~31；图1，第12页）。简单发表某些东西并不必然使其有效发表；它取决于它是如何发表的。直到2011年年底，只有分发给具有科学家通常可访问的图书馆的机构的印刷品才是有效发表的。从2012年1月1日起，除了印刷品之外，电子材料在某些条件下可以是有效发表的。有效发表在第四章中讨论。

一个在《法规》中具有任何地位的名称，必须是**合格发表的**〔validly published〕（条款6.3和12.1；图1，第12页）。合格发表是指符合条款32~45的规则的发表，其首要条件是有效发表。遵守14个条款的所有规则可能似乎令人生畏，但如果你记住第五章中讨论的关键规则，你就未必会遇到问题。遵循出版者要求的编辑风格（投稿指南）将自动符合许多规则，而其他规则只适用于特殊情况或特定的分类群，如藻类、菌物和化石。

如果严格遵守《法规》，一个未被合格发表的名称根本就不应称为名称，而应称为**称谓**〔designation〕。《法规》不使用术语"合格名称〔valid name〕"或"不合格名称〔invalid name〕"（尽管后者在著作中以"*nomen invalidum*〔不合格名称〕"或"nom. inval."的形式出现），而是使用"合格发表的名称〔validly published name〕"和"名称[或称谓更好]未被合格发表〔name [designation] not validly published〕"。一个名字未被合格发表的最常见的原因可能是它未伴随描述或特征集要，或未引证之前发表的描述或特征集要。这种称谓被称为"**裸名**"（nomen nudum）。

描述〔description〕是一个分类群的一个或多个特征的陈述，而**特征集要**〔diagnosis〕是一个分类群区别于其他分类群的特征的陈述（依该分类群作者的观点；条款38.2）。例如，"花瓣白色，2~3 × 0.5~1厘米，先端微凹"是描述，而"与种x的区别在于花瓣白色，2~3 × 0.5~1厘米，先端微凹"或"与该属中其他种的区别在于具有……"则是特征集要。

术语**原白**〔protologue〕意思是与名称在其合格发表时相关的一切内容，如描述、特征集要、图示、参考文献、异名、地理数据、标本引用、讨论和评注（源自希腊文πρῶτος，*protos*，最初的，*logos*，论述；条款6.13脚

注）。

不合法名称〔illegitimate name〕（条款6.4）是：①晚出同名（条款53和54），②发表时为命名上多余的名称（条款52），或更罕见的是③基于一个不合法属名的科或科内次级区分的名称（条款18.3和19.6）。

同名〔homonym〕是拼写完全相同但基于不同模式的名称（相同名称，不同模式），如*Vicia gigantea* Hook. 1831和*Vicia gigantea* Bunge 1833。

当应该使用一个不同的名称代替时，该名称则是**命名上多余的**〔nomenclaturally superfluous〕，且根据条款7.5，多余名称通常与应当使用的名称具有相同的模式（不同名称，往往具有相同的模式）。例如，因为由于*Crinum africanum*具有优先权，L'Héritier应发表新组合*Agapanthus africanus*〔百子莲〕来代替，所以，基于*C. africanum* L. 1753的*Agapanthus umbellatus* L'Hér. 1789是命名上多余的。

发表的**优先权**〔priority〕是《法规》的基本原则。一个分类群的命名是以发表的优先权为基础的（原则III）。简单地说，如果一个特定分类群有多个名称可供选择，则必须使用最先发表的名称。更准确地说，如果同一等级的两个或多个名称适用于相同的分类群（即具有相同的界定），最早发表的合法名称具有优先权，且根据各项规则没有障碍时是正确名称（或者，如果其位置不同，它提供了正确名称的最终加词）。

界定〔circumscription〕是指该分类群包含什么；其定义有多广或多窄。

位置〔position〕是指在一个特定属或种内该分类群的位置。

合法名称〔legitimate name〕（条款6.5；图1，第12页）是符合各项规则的名称。很简单，它不是一个如上定义的不合法名称（第10页）。要记住的一个有用规则是，根据其合格发表，一个名称"出生"时要么是合法的，要么是不合法的。一个不合法名称只有通过保留、保护或认可才能变为合法（见第八章和第110~111页）。

正确名称〔correct name〕（条款6.6；图1，第12页）是应用于一个具特定界定、位置和等级的分类群而根据各项规则必须采用的合法名称。这些规则主要是条款11中的优先权规则，特别是条款11.3（包含科至属的等级）和条款11.4（属级以下）。在科或科以下等级，一个分类群只能有一个正确名称（一些特例除外；条款11.1）。在科级以上，一个分类群可以有一个以上的正确名称，因为优先权原则并不适用于这些等级（条款11.10）。

组合〔combination〕是属级以下的名称。所有属以下等级的名称都是组合。一个组合是由属名与一个或两个加词组合而成，如*Poa* subg. *Stenopoa*，*Poa trivialis*〔普通早熟禾〕，*Poa trivialis* subsp. *sylvicola*〔欧早熟禾〕。

　　加词〔epithet〕是组合中除了属名和任何等级指示术语外的单词之一（具连字符的单词在此等同于单一的单词）。属内次级区分的名称有一个加词，称为次级区分加词，如上述例子中的*Stenopoa*。一个种的名称是一个双名组合（或双名），也有一个加词，称为种加词，如上述例子中的*trivialis*。一个种下分类群的名称既有种加词，也有种下加词，如上述例子中的*trivialis*和*sylvicola*。当组合不是一个种的名称时，使用等级指示术语，如上文中的"sect.〔组〕"和"subsp.〔亚种〕"。注意，等级指示术语不是名称的一部分（条款32注释1），因而，*Poa* subg. *Stenopoa*和*Poa* sect. *Stenopoa*是相同的组合，真正的相同名称，然而是不同等级上的名称；*Poa trivialis* subsp. *sylvicola*和*Poa trivialis* var. *sylvicola*也是如此。

　　自动名〔autonym〕（条款6.8）是自动建立的一种特别类型的组合，即使它并未真正出现在它建立之处的出版物中。它通常为一个属内次级区分或种下分类群的名称；自动名并不出现在属级以上。要么次级区分加词完全重复属名，如*Poa* subg. *Poa*，要么种下加词完全重复种加词，如*P. trivialis* subsp. *trivialis*。自动名通常应用于包括属或种的模式的从属分类群，因而，*P.* subg. *Poa*包括了*Poa*的模式，而*P. trivialis* subsp. *trivialis*包括了*P. trivialis*的模式。

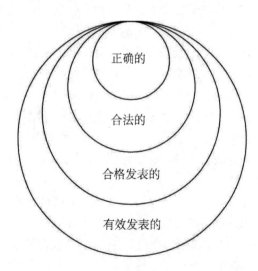

图1 有效发表的名称、合格发表的名称、合法名称和正确名称为所有可能的名称和称谓的子集（未按比例：集合的大小无意反映名称和称谓的实际数目）

不要将（不）合法与（不）合格相混淆

　　将合法与"合格"（即合格发表）和不合法与"不合格"（即不合格发表）相混淆是一个常见的错误。事实上，一个名称成为合法或者不合法之前必须是合格发表的；根据定义，一个合法或不合法的名称均是合格发表的。如果一个名称不是合格发表的，根据《法规》，它没有地位，因此既不合法也不非法。受动物学惯例影响，当将"合格名称"用于表示正确名称或将"合格种"用于表示一个分类上接受的种（即一个被认为是不同的且不与其他种合并的种）时，则会造成进一步混淆。

　　基于相同模式的相同名称可能被不同作者在不同时间独立发表时，这些名称不是同名，而是**等名**〔isonym〕（条款6注释2）。例如，一个作者可能会发表一个新的组合，而未注意到它之前已被发表了。当存在等名时，它们中仅最早者具有命名地位，而可忽略所有晚出等名。然而，附录IIB中引用给科的保留名称的发表之处在任何情况下处理为正确的，即使此类名称是一个晚出等名。

　　新分类群的名称〔name of a new taxon〕（条款6.9）是一个独立合格发表的名称。它不是一个基于之前合格发表的名称，即新组合、新等级名称或替代名称。例如，一个新种（*species nova*, sp. nov.）的名称就是一个新分类群的名称。

　　新组合〔new combination〕**或新等级名称**〔name at new rank〕（条款6.10）是一个基于合法的、之前发表的名称（即其基名）的新的名称。本质上，这是在不发表一个新分类群名称的情况下重新命名一个分类群，因此，已有名称（即基名）的原白和模式也适用于新名称。当一个已经命名的分类群被置于不同的属或种时，或当它在等级上发生改变时，这样的重新命名是需要的。**基名**提供了新组合或新等级名称的最终加词、名称或词干。例如，*Centaurea benedicta* (L.) L. 1763〔矢车菊〕是基于基名*Cnicus benedictus* L. 1753的新组合；*Crupina* (Pers.) DC. 1810〔半毛菊属〕是基于基名*Centaurea* subg. *Crupina* Pers. 1807的新等级名称。在原白中，一个新组合以"comb. nov."（*combination nova*〔新组合〕）指明。新等级名称以 "stat. nov."（*status novus*，新地位，即新等级）指明。一个新组合可能同时是一个新等级名称（以 "comb. & stat. nov."或"comb. et stat. nov."指明，*combinatio et status novi*〔新组合和新地位〕）。

替代名称〔replacement name〕（条款6.11）是作为明确替代者发表给一个合法或不合法的之前发表的名称（即其为被替代异名）的新名称。原理与新组合或新等级名称的原理相似，不同之处在于该被替代异名在合法时并不提供该替代名称的最终加词、名称或词干。例如，*Trifolium infamia-ponertii* Greuter 1976是一个基于被替代异名*T. intermedium* Guss. 1821的替代名称，后者由于是*T. intermedium* Lapeyr. 1818的晚出同名而为不合法。*Centaurea chartolepis* Greuter 2003是基于被替代异名*Chartolepis intermedia* Boiss. 1856的替代名称。在此情形下，被替代异名是合法的，但是，由于之前存在的*Centaurea intermedia* Mutel 1846，其加词不能用于与*Centaurea*的组合中，即发表新组合将产生一个应为不合法的晚出同名。在原白中，替代名称以*nomen novum*的缩写"nom. nov."指明，它是替代名称的一个互用术语（另一个早前的术语是"声明替代者"）。

另一种可能发表替代名称的情况是为了避免产生**重词名**〔tautonym〕，即其种加词完全重复属名的称谓；重词名不能被合格发表（条款23.4）。例如，因为新组合"*Cyanus cyanus*"不能被合格发表，*Cyanus segetum* Hill 1762〔蓝花矢车菊〕是在*Cyanus*〔蓝花矢车菊属〕中给合法的*Centaurea cyanus* L. 1753的必要替代名称。

一个**异名**〔synonym〕仅仅是应用于同一分类群的两个或多个名称中的一个。异名有两种类型：具有相同模式的**同模式异名**〔homotypic synonyms〕和具有不同模式的**异模式异名**〔heterotypic synonyms〕；它们也分别称为命名学异名和分类学异名。简单地说，同模式异名是基于相同模式的不同名称，且它们必须应用于同一分类群，而异模式异名是基于不同模式而被视为属于同一分类群的名称（见第48页图10）。同模式异名是事实上的异名，而异模式异名是分类观点上的异名。新组合或新等级名称及其基名通常是同模式异名；替代名称及其被替代异名同样如此。异名通常用等号（＝）表示，但是，如果你想区分这两种类型，给同模式异名使用恒等号（≡），而"="保留给异模式异名。术语异名通常用于同一个适用于一个分类群的名称，但它不是被接受的名称，例如，它可以是基名（同模式的）或一个没有优先权的较晚名称（异模式的）。

术语**新命名**〔nomenclatural novelty〕也经常碰到。在《法规》中，这被定义为新分类群、新组合、新等级名称和替代名称中的任一或所有类别（条款6注释4）。一个新命名产生于一个**命名行为**〔nomenclatural act〕，即需要有效发表的行为。命名行为也可能影响名称的某些方面，如模式标定、优先权、缀词法或性（条款34.1脚注）。

基名必须是合法的

记住，基名必须是合法的。如果它是不合法的，那么它不是基名，而看起来像是新组合或新等级名称的名称则实际上是一个基于被替代异名的替代名称。例如，*Calandrinia polyandra* Benth. 1863可能看起来像是基于*Talinum polyandrum* Hook. 1855的新组合。然而，后者由于是*Talinum polyandrum* Ruiz & Pav. 1798的晚出同名而不合法。因此，*C. polyandra*是基于被替代异名*T. polyandrum* Hook.的替代名称。在这种情形下，种加词被重新使用的做法是条款58.1所允许的。

第三章 法规的结构和组织

这一简短的章节概述了《法规》的结构，并对规则和辅则、附录及所包含的其他材料是如何组织的做了描述。

《深圳法规》包含了一个前言，总结了自上一版本以来的对《法规》的主要变化。接着是自上一版以来重新编号条款的检索表，以及各项规则生效的日期清单。然后是正文，包括一个序言（缩写为Pre.）和三个部分（Div.〔篇〕），接着是一个术语表和两个索引。

《法规》的主要规则构成第二篇，而制定、修改或删除规则所依据的规则构成第三篇（管辖《法规》的规程）。这些规则存在的理由载于序言和第一篇（原则）。术语表列出并定义了《法规》中使用的术语，然后是学名索引和主题词索引。

《法规》也包括七个附录（App.）。首先（附录I）列出了禁止著作；接着四个附录（附录II~V）列出了保留名称、保护名称和废弃名称；附录VI列出了有关是否处理某些名称为合格发表的约束性决定；附录VII列出了是否处理某些名称为同名的约束性决定。直至当它们作为分开卷册出现的《墨尔本法规》，这些附录与《法规》的其他部分在同一卷中出版。它们现在可在一个持续更新的可搜索数据库（https://naturalhistory2.si.edu/botany/codes-proposals/）中免费在线获取。

《法规》的强制性规则在第二篇中称为条款（Art.），编号为条款1~62，条款F.1~F.10（在第F章，处理为菌物的有机体的名称），H.1~H.12（第H章，杂种的名称）。第三篇中的规则称为规程（Prov.），编号为规程1~8。每一条款或规程中的段落均单独编号（如条款1.1、条款1.2）。第F章的规则仅适用于菌物的名称，但重要的是要记住，除藻类和植物以外，《法规》的其他大多数规则也适用于菌物。注释解释了条款的某些方面，这些方面在《法规》中可能不是显而易见，但明确或隐含地包含在其他地方。因而，注释具约束性效力。注释跟随其解释的规则放置在条款中，并连续编号（例如，条款4注释1、注释2、注释3、注释4)。可选择的指南称为辅则（Rec.）。辅则以单独编号的段落（如辅则8B.1、辅则8B.2、辅则8B.3）跟随在一些条款之后，并带有条款编号加上一个字母（如辅则8A、辅则8B）。第三篇亦有三项建议，编号不同（规程4建议1、规程7建议1和2）。当引证《法规》中的条目或在《法规》内交叉引证时，使用这一编号系统。《法规》中的实际页码很少被引用。

条款、注释和辅则以例子（Ex.）来充分阐明，例子在条款和辅则内也是连续编号（条款1例1、例2、例3）。这些例子取自正确或错误命名的真实案例。有些简单而容易理解，而另一些则极其复杂。前面缀有星号（*Ex.）的例子表示所谓的表决过的例子，即，当《法规》的相应条款面临多种解释或未充分涵盖的事项时，被国际植物学大会为了管理命名实践而接受的例子（条款7*例16脚注）。

《法规》试图以逻辑顺序展示内容，而这通常以等级为基础。例如，名称的构成规则（条款16~27）从科级以上分类群的名称开始，并按递降顺序以种下分类群的名称结束。模式标定的规则开始于通用规则（条款7），接着是有关种和种下分类群的名称的模式标定的规则（条款8关于模式由什么构成，以及条款9关于不同类型的模式），紧随其后的是关于种级以上的名称的模式标定的规则（条款10）。个别条款、建议和例子可以遵循这样的顺序。名称列表有一个逻辑顺序，通常以等级、日期或字母顺序排列。《法规》还试图以实用顺序呈现规则，其中，首先出现其他规则所依赖的关键规则。然而，请注意，只适用于少数情形的规则可能会在广泛适用的规则之前出现；因此，永远不要认为你只需要阅读某一特定条款的第一条或前几条规则就可以了。幸运的是，《法规》的规则对其他条款、注释、辅则等有大量的交叉引证。它们通常前面缀有"见"或"也见"（当引证的条目也适用于该情形时），或"但见"（当引证的条目包含对该情形的例外时）。

第四章　发表媒介

《法规》仅认可某些类型的出版物为有效的（条款29~31）。在新名称有可能被合格发表或模式指定有可能成为有效之前，它所出现的出版物必须有效发表。几乎所有的印刷书籍和期刊都是有效发表的，但有些印刷品被排除在外，如非科学类报纸。从2012年开始，电子材料在某些条件下也可以有效发表。

有效出版物以两种方法来实现。第一种方法要求将印刷品（通过售卖、交换或赠送）分发至普通公众或至少分发至具有通常可访问的图书馆的科学研究机构（条款29.1）。请注意"at least to scientific institutions〔至少给科学研究机构〕"这个词组，即复数形式的机构，这意味着，必须至少分发两份分别至两个科学研究机构，尽管这样极少的分发是极其糟糕的做法。

第二种方法是通过在2011年墨尔本举行的第十八届国际植物学大会的一项决议而变为可能，该决议扩展了有关有效出版物的规则；因此，在2012年1月1日或之后发行的某些类型的电子材料有可能是有效发表的。因而，现在，在2012年1月1日或之后的出版物经由在具有国际标准连续出版物号（ISSN）或国际标准书号（ISBN）的在线出版物中以移动文档格式（PDF）的电子材料分发，也是有效的（条款29.1）。术语"在线"定义为通过万维网可以电子方式获取（条款29.2）。如果PDF格式应被取代，条款29.3允许使用总委员会发布的国际标准格式的替代者（见第135~137页）。

构成有效出版的电子材料还附加了更多条件。如果在出版物内部或与之相关的证据表明其内容仅仅是初步的，且已被或应被出版者视为是最终的内容所取代，那么只有具有最终内容的版本才被有效发表（条款30.2）。此外，特定电子出版物的内容在其有效发表后不得改变（条款30.4）。任何此类改变其本身视为未被有效发表。更正或校订必须单独发行，才是有效发表。请注意，内容明确排除卷、期、文章（论文）和页码的编号（条款30.3）。因此，当一篇论文的最终版本在期刊最终的、具页码编排位置之前进行具初步页码编排在线发表时，初步的页码编排并不妨碍有效发表。

什么是有效出版物的总结

印刷品

● 分发至普通公众或至少分发至具有通常可访问的图书馆的科学研究机构（条款29.1）。

电子材料

● 2012年1月1日或之后，以移动文档格式（PDF）发表在具有国际标准连续出版物号（ISSN）或国际标准书号（ISBN）的在线出版物中（条款29.1）。

什么不是有效出版物的总结

下列发布信息的方式并不构成有效出版物，一些规则仅在特定日期后生效：

印刷品

● 印刷品未被分发，或分发给没有通常可获取的图书馆的科学研究机构，或仅制作并"分发"一份时（因此未能满足条款29.1的最低要求）。
● 贸易目录和非科学性报纸，1953年以前的除外（条款30.7）。
● 种子交换清单，1973年以前的除外（条款30.7）。
● 伴随标本的印刷品（如打印标签），1953年以前的或当独立于标本分发时除外（条款30.8和注释2）。
● 大学或学院的学位论文，但有以下三种例外情形：1953年以前的；连续出版物中的（如*Dissertationes Botanicae*〔植物学论文〕）；以及根据《法规》包括一个明确陈述或其他证据表明作者或出版商视该论文为有效发表的（条款30.9）。"其他证据"可以是ISBN或印刷商、出版者或发行商的名称。

电子材料

● 不同于条款29中指定外的任何类型的电子材料，如2012年1月1日之前发行的材料，不同于PDF格式的材料，非在线的材料，或既没有ISSN也没有ISBN的材料（条款30.1）。

● 内容明显仅为初步的，且已被或应被出版者认为是最终的内容所取代（条款30.2）。

● 对已有效发表的特定电子出版物内容的更改，除非此类更正或校订作为单独的出版物发行（如勘误表、更正表、增补版或新版本）（条款30.4）。

其他媒介

● 在公开会议上交流的新命名（条款30.1），如演讲期间的口头宣读材料或在PPT演示中展示的材料。

● 在对公众开放的收藏机构或公园中放置的名称（条款30.1），如在标识牌或标签上放置的材料。

● 发行制作自手稿或打字稿或其他未发表材料的微缩胶卷（条款30.1）。

● 手写材料，然而，在1953年以前不能消除的手写文本是允许的（条款30.5）；不能消除的手写文本定义为以某些诸如石印、胶印或金属蚀刻等机械或图像工艺复制的手写材料（条款30.6）。

有效发表的最佳做法

这些建议基于法规中的辅则（辅则29A、30A和31B）。这些建议有些是针对出版商和编辑以及作者的，而有些确实超出了作者的控制。

● 优先选择那些经常发表分类学论文的期刊，且避免发表在非科学性期刊中。

● 更好的是，在那些内容被自动索引并整合到不同数据库的各种期刊上发表你的成果。这类期刊可以提供它们在何处索引的信息。

● 如果担心分类学界可能不会注意到你的出版物（印刷的或电子的），至少送一份至适合该分类群的检索中心，如适合维管植物的国际植物名称索引（IPNI; https://www.ipni.org/）。

● 避免发表在任何类型的临时印刷品中（例如勘误表或更正插页），特别是少量印制的印刷品。印刷品应该存放在世界上至少10个通常可访问的图书馆中，但最好是更多（理想的是数百个）。将两个复份（最低限度）分发给两个图书馆简直是对系统的滥用！

● 当以电子方式发表时，优先在那些已归档和管理（详见辅则29A.2）并遵守PDF/A存档标准（ISO 19005）的出版物。

● 在你出版物的概要或摘要中提及新命名，或将其列入索引中（有些期刊作为惯例在每一期都包括一个发表的新命名清单）。

● 在首次发行时，清楚指明同一电子出版物版本为初步的或最终的。短语"Version of Record〔记录的版本〕"应仅用于指明其中内容将不再更改的最终版本。

● 电子出版物的最终版本也应是"准备好引用的"，即页码编排应是最终的，而不是初步的。这尤其适用于发表在期刊中已预先完成的一期或一卷的论文。

● 清楚注明印刷品的准确出版日期。对于电子出版物，请在PDF的某一页面上注明准确的出版日期和ISSN或ISBN，而不仅仅是在链接到PDF的网页上，也不仅仅是在PDF的元数据（"文件属性"）上；如可适用，期刊名称和卷/期/文章编号也同样如此。

有效出版物的日期

每当名称或其他命名行为（如指定模式）竞争优先权时，知道有效发表的日期是很重要的。当两个相互竞争的名称在同一年发表时，需要准确的日期。条款31.1规定了如何确定有效出版物的日期。简单地说，它是如条款29和条款30中定义的印刷品或电子材料变为可用的日期。一旦通过万维网可电子方式获取，电子材料就变为可用。但是什么时候印刷品才变为可用呢？辅则31A在此有所帮助，建议应接受出版商或出版商的代理人将印刷品为向公众分发而交付给一个通常承运人的日期为有效出版物的日期。

对于许多较早的著作，《分类学文献》（第2版）〔*Taxonomic literature,* ed. 2〕（TL-2；见第146页和第149页）是一个非常重要的来源，它精心研究了有效出版物日期的信息。TL-2给出的日期常常与书的标题页上印刷的日期不同。有时，标题页的日期代表多卷册工作的完成，而单独的卷册则在更早的不同日期出版。有时候，标题页的日期是完全错误的。有时，除了印刷品或电子材料中出现的日期之外就没有其他证据了，而在这种情况下，该日期必须接受为正确的（条款31.1）。

判断期刊中论文的日期时要小心。首先，当期刊某卷独立发行的各部分装订在一起时，你不应相信封面上出现的日期，因为它可能是图书装订工的错误。相反，如果封页在装订时被保留，要查看相关单独部分的前后封页；或者，有时，日期可能出现在该部分的扉页、初始页或文本页面的首页或末页。有些期刊为整卷和各部分发行单独的封面和标题页，在整卷的封面和标题页上出现一个较晚的日期。有时，一卷书可能会分为几部分发行，没有封面或标题页。可能在该卷的初始页中的某个页面上有一个带有相应日期的页面范围列表，或者日期可能印刷在各个部分的第一页或最后一页；在这种情况下，你必须查找它们。有些期刊不是将一个特定部分的出版日期印刷在该部分上，而是在下一部分中。

对于电子材料，可在PDF文档自身的文本中查找日期说明。只有在没有给出日期的情况下，你才应该浏览提供文档的网页。请记住，网页上给出的日期可能是诸如某期期刊的常规日期，而不是其中的个别论文的日期。不要使用"文档属性"（即元数据）中的"创建"或"修改"日期；文档可能是在其创建或最后修改后的数日才在线发行，或者这些日期可能仅仅反映你的下载日期。

如果一个出版物同时有印刷版和电子版，不要认为它们必定是同时出版的。应查找两个版本日期的证据。如果没有证据表明它们是在不同日期发表的，则它们必须处理为在同一日期有效发表（条款31.2）。

第五章 如何发表一个新名称

因为根据《法规》，一个未被合格发表的名称没有地位（甚至不是一个名称），所以，合格发表是极为重要的。在试图发表一个新名称时，如果你出现错误，它可能未被合格发表。如果你的新名称没有地位，而在它可被使用前需要第二次尝试发表，那么这对你来说可能是浪费时间，更不用说尴尬了。以下"如何"列表基于有关合格发表的规则（条款32~45），并提供对相关条款的引证。

如何发表一个新分类群的名称

假如你想发表一个新分类群的名称，你需要做什么才能让它被合格发表呢？需要记住的主要要求如下所示，并通过图2、图3和图4（第25~28页；而第28~29页的图5和图6展示了过去的原白，以供比较）加以说明。

- 如第四章解释的，该名称必须是有效发表的（条款32.1a）。
- 该名称必须符合条款16~27的形式（条款32.1c）。见第38~44页有关名称的形式。
- 对于一个属级以下的名称，它所归隶的属或种的名称必须在之前或同时被合格发表（条款35.1）。
- 原白必须包括一个拉丁文或英文的描述或特征集要（条款38.1a和条款39.2）。视需要，你可以同时包括描述和特征集要，并且，你可以用拉丁文或英文以外的语言提供一个额外的描述；虽然期刊和书籍的编辑对你可以包括什么可能有他们自己的指南，但此类可选择的添加内容不为《法规》所禁止，且不会影响合格发表。一个描述提供了该分类群的物理特征，如形态学、颜色、气味、花期、染色体、化学性质或DNA序列数据。分类群的特征集要是该分类群依该分类群作者的观点与其他分类群的区别是什么的陈述（条款38.2）。

● 对于一个属或以下等级的分类群的名称，你必须在原白中指定该名称的模式（条款40.1），使用单词"*typus*〔模式〕"或"*holotypus*〔主模式〕"、或其缩写（如，holo.）、或其在现代语言中的等同语（如，holotipo，holotype〔主模式〕，tipo，type〔模式〕）（条款40.4）。

● 对于一个种或种下分类群的名称，你必须指定一份标本为主模式（条款40.4），尽管对于非化石微型藻类和非化石微型菌物，在特定情形下允许指定一幅有效发表的图示为主模式（条款40.5）。

● 对于一个种或种下分类群的名称，当主模式是一份标本（几乎总是这样）时，你必须在原白中指定其保存的单一标本馆、收藏机构或研究机构（条款40.7）。

● 此外，有关藻类（条款40.8和44）、菌物（条款40.8和F.5）、化石（条款43）和杂种（第H章）的名称存在特殊规则，对于这些名称见第十一章。

如何发表一个新组合、新等级名称或替代名称

假如你希望重新命名一个之前已被命名的分类群，你希望发表一个新组合、新等级名称或替代名称（这些术语的定义见第二章），你需要做些什么才能让这样一个新名称被合格发表呢？要记住的主要要求逐项展示如下，并以图7（第29~30页；而第30页的图8展示了过去的原白，以供比较）来阐明。

● 如第四章所述，该名称必须是有效发表的（条款32.1a）。

● 该名称必须有一个符合条款16~27的形式（条款32.1c）。见第38~44页关于名称形式的规则。

● 对于属级以下分类群的新名称，该分类群所归隶的属或种的名称必须在之前或同时被合格发表（条款35.1）。

● 你必须在原白中引用基名或被替代异名，并对其作者和包括页码或图版引证与日期在内的合格发表之处的完整和直接引证（条款41.5）。"直接"指的是引用真正的作者和发表之处，而不是反过来引用一个与实际出版物的不同出版物，而"完整"是指所有必要的细节。页码或图版引证是指在其中基名或被替代异名合格发表的页面，或者是原白出现的页面，而不是整个出版物全部页面，除非它与原白的页面完全一致（条款41注释1）。如果出版物未编排页码，在方括号中引用页码编号，如"[42]"或使用另一种明确的方式（例如，对Miller的*The gardeners dictionary*〔《园丁辞典》〕使用

属名加物种编号；Miller，1768）。如果你需要引用一份为最终版本的在线出版物（例如"记录的版本"），但仍有初步页码编排，你可以备注其在线状态，并在方括号内引用初步页码。一些期刊要求以"作者（年份：页码/图版号）"的格式给出完整和直接的引证，并在参考文献部分给出该出版物的完整书目细节。这样的引证仍然是完整和直接的，即使它分开在出版物的两个地方，并且它因此符合条款41.5，但《法规》明确建议不使用这种方式（见辅则41A.1）。

Zyrphelis ecklonis (DC.) Kuntze subsp. *oligocephala* Zinnecker-Wiegand, **subsp. nov.**

A subspecie typica differt foliis falcatis numquam glandulosis, aut glabris aut ± longe setosis, capitulis minoribus numerosis.

Typus: [South Africa, Western Cape province, Clanwilliam Distr.] Cedarberg Mts., Middelberg, 14. 12. 1941, *Esterhuysen 7250* (holotypus, BOL!).

Zyrphelis ecklonis (DC.) Kuntze subsp. *strictifolia* Zinnecker-Wiegand, **subsp. nov.**

A subspecie typica differt foliis (4–)5 × 2 mm usque ad 11.0 × 2.5 mm, rigidis glabris vel interdum subtus hirsutis, coriaceis et cauli adpressis.

Typus: [South Africa, Western Cape province, Clanwilliam Distr.] Rocky hill behind the homestead of Krommerivier, in the Cederberge, 27. 9. 1934, *Acocks 3136* (holotypus, S!).

1. ***Merianthera bullata*** R. Goldenb., Fraga & A.P. Fontana, **sp. nov.** – Type: BRAZIL. Espírito Santo: Santa Teresa, Distrito de 25 de Julho, Loc. Bela Vista, Propr. José Zucolotto, 29 Apr 2005 (fl), *A.P. Fontana & al. 1404* (holotype: MBML; isotype: UPCB). — Figure 5.

Shrubs 0.5–2.5 m. Petioles 7–26 mm long; blade 4.1–18 × 4.4–20 cm, orbicular to broadly orbicular, base truncate to broadly cordate, apex broadly rounded, truncate to broadly emarginate, coriaceous, slightly discolorous when dried, acrodromous nerves 5–7, plus a faint submarginal pair, shortly

图2　三份新植物分类群名称的现代原白：*Zyrphelis ecklonis* subsp. *oligocephala* Zinnecker和*Zyrphelis ecklonis* subsp. *strictifolia* Zinnecker，引自Ortiz & Zinnecker-Wiegand（2011: 1196）发表在期刊*Taxon*第60卷的一篇论文，以及*Merianthera bullata* R. Goldenb., Fraga & A.P. Fontana，引自Goldenberg & al.（2012: 1047）发表在*Taxon*第61卷的一篇论文。国际植物分类学会许可复制。原白组成如下：
- 完整引用名称（属名未缩写）、明确引用作者归属和指明新地位（"subsp. nov."或"sp. nov."）；所有三项是最佳做法，当然应该遵循（即使，严格地说，根据《法规》，它们不是合格发表的要求）。
- 按照1935年至2011年之间（均含）发表的名称的要求（条款39.1），给*Zyrphelis*属中名称的拉丁文合格化描述或特征集要（在此为特征集要）。

- 按照2012年之后发表的名称的要求（条款39.2），给*Merianthera bullata*的拉丁文或英文合格化描述或特征集要（在此为英文描述）。

- 引用模式（条款40.1），它是一份标本（条款40.4），使用单词"*typus*"或"*holotypus*"之一，或其缩写，或其在现代语言中的等同语（在此，两个单词为拉丁文或英文；条款40.6），指明模式标本保存的单一标本馆（BOL、S或MBML；条款40.7），以及引用复份，标本馆UPCB中的一份等模式）。*Zyrphelis*原白中置于标本馆代码后的感叹号（！）表示作者已见过引用的标本。因为作者在他们的文章中根本没有使用感叹号，不应从*Merianthera*的原白中缺少感叹号推断出任何意义。

1b. Orychophragmus violaceus var. *odontopetalus* Ling Wang & Chuan P. Yang, var. nov. TYPE: China. Heilongjiang: Harbin, cultivated on campus of Northeast Forestry University (NEFU), 20 May 2009, *X. J. Ma, L. Wang & C. P. Yang 09009* (holotype, NEFI). Figure 1.

Haec varietas ab *Orychophragmo violaceo* (L.) O. E. Schulz var. *violaceo* petalis ad vel supra medium dentibus obtusis 5 vel plus praeditis, petalorum unguibus longioribus (10–13 mm longis) atque caulibus et pedicellis puberulis differt.

Herbs, annual or biennial, 10–50 cm tall; stems puberulent. Basal and lower leaves lyrate; petiole 2–4 cm; uppermost leaves often undivided, elliptic, 5–7 × 3–4 cm; apex acute, base auriculate, semi-amplexicaule, margin regularly serrate or rarely pinnatifid, lobes with few teeth. Flowers purple, 2–4 cm diam., pedicels 10–15 mm, puberulent; calyx tube purplish; petals 4, broadly obovate, with 5 or more obtuse teeth on expanded apical blade, expanded petal 10–13 mm long. Silique linear, 8–10 cm, quadrangular; seeds ovoid to oblong, 2 mm, black-brown.

Habitat and distribution. The plants were derived from naturally growing specimens from the Beijing Botanical Garden. The plants are common in Hebei, Liaoning, Shandong, Shanxi, Shaanxi, and Jiangsu provinces but do not grow in the wild in the Harbin area, Heilongjiang Province (Fu, 2003). However, the plants have been established as ornamental species throughout the Harbin metropolitan area.

IUCN Red List category. Because this is a widespread taxon in the above named provinces, the new variety is determined as of Least Concern (LC), according to IUCN Red List categories and criteria (IUCN, 2001).

Paratypes. CHINA. **Beijing:** Xiangshan, Beijing Botanical Garden, under trees, 22 Apr. 2006, *L. Wang 21012* (NEFI). **Heilongjiang:** Harbin, cult., residential area of NEFU, 20 May 2009, *L. Wang, X. J. Ma & Y. J. Bao 9014* (NEFI); Harbin Forest Farm of NEFU, forest edge, 18 May 2008, *L. Wang & X. Z. Zhang 8012* (NEFI). **Liaoning:** near town of Beizhen, roadsides, 6 May 2005, *L. Wang & C. P. Yang 4083* (NEFI).

图3　一份新植物分类群名称的现代原白：*Orychophragmus violaceus* var. *odontopetalus* Ling Wang & Chuan P. Yang，引自Wang & al.（2012: 110）在期刊*Novon*〔《植物命名杂志》〕第22卷中的一篇论文。密苏里植物园许可复制。原白的组成如下：

- 完整引用名称（属名未缩写）、明确引用作者归属，以及指明新地位（"var. nov."）；所有三项是最佳做法，且当然应该遵循（即使，严格地说，根据《法规》，它们不是合格发表的要求）。

- 引用标本（条款40.1），它是一份标本（X.J. Ma, L. Wang & C.P. Yang 09009；条款40.4），使用单词"*typus*"或"*holotypus*"之一，或其缩写，或其在现代语言中的等同语（在此，两个单词均为英文；条款40.6），指明其保存的单一标本馆（NEFI；条款40.7）。

- 按照对自2012年之后发表的名称的要求（条款39.2），拉丁文或英文合格化描述或特征集要（在此，为拉丁文特征集要和英文描述）。

- 关于生境和分布的注释、IUCN红色名录类别，以及引用副模式（条款9.7）。

> *Halegrapha paulseniana* Luch & Lücking, **sp. nov.** – MycoBank MB 828103. – Fig. 1D–F.
> Holotype: U.S.A., Hawaii, Maui, East Maui, Haleakalā Volcano, lower Waikamoi Preserve (The Nature Conservancy), 5 km SE of Pukalani and 18 km SE of Kahului, lower access trail to preserve off Olinda Road, 20°48'23"N, 156°15'19"E, 1200–1300 m, disturbed primary forest dominated by *Acacia koa* and *Campanulaceae*, with invasive *Hedychium gardnerianum* in lower portions, 11 Jun 2013, *R. Lücking, B. Moncada & P. Bily 35834* (BISH; isotypes: B, F).
>
> *Diagnosis* — Differing from *Halegrapha mexicana* A. B. Peña & Lücking in the much larger lirellae featuring an apically complete, thin thalline margin, and from all other species in the genus in its laterally mostly uncarbonized excipulum.

图4 一份新菌物分类群名称的现代原白：*Halegrapha paulseniana* Luch & Lücking，引自Luch & Lücking（2018: 416）在期刊*Willdenowia*〔《柏林植物园暨植物博物馆年报》〕第48卷中的一篇论文。柏林植物园暨植物博物馆许可复制。原白的组成如下：

- 完整引用名称（属名未缩写），明确引用作者归属，以及指明新地位（"sp. nov."）；所有三项是最佳做法，且当然应该遵循（尽管，严格地说，根据《法规》，它们不是合格发表要求的）。

- 按照对于2013年之后发表的菌物的新名称的要求（条款F.5.1），引用由认可的存储库颁发给名称的标识码（"MycoBank MB 828103"）。

- 引用模式（条款40.1），它为一份标本（R. Lücking, B. Moncada & P. Bily 35834；条款40.4），使用单词"*typus*"或"*holotypus*"之一，或其缩写，或其在现代语言中的等同语（在此，使用英文，"holotype"；条款40.6），指明其保存的单一标本馆（BISH；条款40.7），以及引用了2个复份，即在标本馆B和F的等模式。也引用了模式的额外采集细节（具坐标的地点、海拔、生境和日期）。

- 按照对于2012年之后发表的名称的要求（条款39.2），拉丁文或英文合格化描述或特征集要（在此为英文特征集要；还有一个英文描述，未展示在这幅图中）。

- 还提供了新种的评注，包括分布、生态、种加词的来源和与其他分类群的比较，以及该有机体的图示及其生境，但未在这个图中显示。

图5 一份18世纪的新菌物分类群名称的原白：*Phallus impudicus* L.。林奈的*Species plantarum*〔《植物种志》〕第1版第2卷第1179页的部分内容（Linnaeus，1753：1179）。原白的组成如下：

- 属*Phallus*内的物种序列号："2."。
- 鉴别性短语名称（多词名）："*Phallus volvatus stipitatus, pileo celluloso.*"（具有柄菌托和多孔菌盖的*Phallus*）。这是使用拉丁文的林奈的*nomen specificum legitimum*（合法种名），用作种名的合格化特征集要。
- 种加词，位于边缘："*impudicus.*"（令人厌恶的）。这是林奈的nomen triviale（普通名），直接与属名（位于短语名称的开始，在属的标题中）相关联构成组合*Phallus impudicus*。
- 异名：异名中引用了5个起点前的短语名称；与第三个异名一起引用的图示（Micheli，1729: 201, t. 83）已被指定为*P. impudicus*的后选模式（见第68页图18）。
- 原产地陈述："*Habitat in Sylvis.*"（它生于树林里）。

图6 一份19世纪的新植物分类群名称的原白：*Taraxacum glabrum* DC.。堪多尔的*Prodromus systematis naturalis regni vegetabilis*〔《植物自然系统概论》〕第7卷第1部分第147页的部分内容（Candolle，1838：147）。原白组成如下，在此使用方括号扩展原始拉丁文中的缩写：

- 在属*Taraxacum*内的物种序列号："11."。
- 双名："*T[araxacum]. glabrum*"（种加词：无毛的）。
- 合格化描述，使用拉丁文："*T[araxacum]. glabrum, ex omni parte glaberrimum [...] rostro abbreviato.*"（*Taraxacum glabrum*，各个部分极其光滑[……]具缩短的喙）。
- 意思是多年生的符号："♃"。
- 原产地陈述和采集人姓名："*in humidis montanis Dahuriae ad Nuchu-Doban legit cl[arissimo]. Turczaninow.*"（位于努秋邱-多班达的达乌里[地点]的潮湿山地，由著名的Turczaninow采集）。
- 引用自Candolle与Turczaninow的通信的未发表异名："*Hieracium glabrum, et postea Leontodon nov[a]. sp[ecies]. Turcz[aninow]. ! in litt[eris].*"（*Hieracium glabrum*，以及后来*Leontodon*的新种。Turczaninow! [我已见过]在通信中）。
- 与一个可能的近缘种的比较："*Affine T. glaucantho, sed [...]*"（近似于*T. glaucanthum*，但……）。
- 指明堪多尔已见过的一份标本："*(v[idi]. s[iccam]. comm[unicatam]. à cl[arissimo]. inv[entore].)*"（我已见过一份与著名的发现者[即Turczaninow]交流过的干燥的[植物，即标本]）。

> 1. ***Polyalthia fruticosa*** (Jessup) B. Xue & R.M.K. Saunders, **comb. nov.** ≡ *Haplostichanthus fruticosus* Jessup, Fl. Australia 2: 41, 449, fig. 9A–D. 2007 – Type: Australia, Queensland, Williams Spring, 22.4 km NE of Bamaga, 17 Feb. 1994, *D.G. Fell, J.P. Stanton & C. Roberts DGF3784* (holotype: BRI).
>
> 2. ***Polyalthia hispida*** B. Xue & R.M.K. Saunders, **nom. nov.** ≡ *Haplostichanthus rufescens* Jessup, Fl. Australia 2: 41–42, 449, fig. 9Q–S. 2007 – Type: Australia, Queensland, N Johnstone River, Palmerston National Park, Crawford's Lookout to Tchupalla Falls Track, 15 Feb. 1982, *L.W. Jessup & J.G. Tracey 471* (holotype: BRI).
> The combination *Polyalthia rufescens* is already occupied (*P. rufescens* Hook. f. & Thomson), and a new name is therefore proposed. The new specific epithet describes the hispid leaves, flowers and fruits.
>
> 3. ***Polyalthia johnsonii*** (F. Muell.) B. Xue & R.M.K. Saunders, **comb. nov.** ≡ *Haplostichanthus johnsonii* F. Muell. in Vict. Naturalist 7: 180. 1891 – Type: Australia, Queensland, Mt Bartle Frere, 1891, *S. Johnson s.n.* (holotype: MEL; iso-types: BRI, K, NSW).

图7 两个现代的新组合和一个替代名称：*Polyalthia fruticosa* (Jessup) B. Xue & R.M.K. Saunders、*P. hispida* B. Xue & R.M.K. Saunders和*P. johnsonii* (F. Muell.) B. Xue & R.M.K.

Saunders，均引自Xue & al.（2012: 1034）在期刊*Taxon*第61卷的一篇文章。国际植物分类学会许可复制。原白的组成如下：

- 完整引用名称（属名未缩写），明确引用作者归属，以及指明新地位（"comb. nov."或"nom. nov."）；所有三项是最佳做法，且当然应该遵循（尽管，严格来说，根据《法规》，它们不是合格发表需要的）。
- 指明基名或被替代异名（"≡"表示同模式异名），连同按照对1953年以后发表的名称的要求（条款41.5）；根据对2007年以后发表的名称的要求（条款41.5），基名或被替代异名也被引用（指明并不必然意味着引用）。可以使用单词"basionym"、或其缩写（如"basio."）或其在另一语言中的等同语来代替符号"≡"。
- 引用模式：同样，这是好的做法，尽管对于新组合、新等级名称或替代名称的合格发表，《法规》并未要求它。

图8 19世纪的一个新组合和一个替代名称，均引自Kuntze的*Revisio generum plantarum*〔《植物属的修订》〕（Kuntze，1891: 315）的第1部分第315页。每个名称在合格发表时有对基名或替代异名的引证（条款41.1），尽管它不是直至1953年才需要的完整引证（条款41.5）。这两个原白的组成如下，在此使用方括号扩展原始拉丁文中的缩写。

Aster asteroides (DC.) Kuntze:

- 同模式异名："*A[ster]. Heterochaeta* Bth."，即给*Heterochaeta asteroides* DC.的替代名称*A. heterochaeta* Benth. ex C.B. Clarke 1876。*Aster heterochaeta*发表时是命名上的多余名称，且根据条款52.1因而是不合法的，因为Clarke应使用*A. asteroides*代替。
- 基名："*Heterochaeta asteroides* DC."1836。
- 新组合："*A[ster]. asterodes* [sic〔原文如此〕!] OK."，即*A. asteroides* (DC.) Kuntze。Kuntze的加词拼写是可更正为基名的原始拼写（条款60.1和条款60.2）。

Aster asae Kuntze:

- 被替代异名："*Big[elowia]. paniculata* Asa Gray *non Aster p[aniculatus]*. Lam."，即*Bigelowia paniculata* A. Gray 1873 non *Aster paniculatus* Lam. 1783 nec *A. paniculatus* Mill. 1768。
- 替代名称："*A[ster]. Asae* OK."，即*A. asae* Kuntze。

　　属名*Aster*和*Bigelowia*在同一页的条目上方拼写出来。Kuntze将他自己的姓名缩写为"OK"（Otto Kuntze）。注意，当它们是专有名词时，在种名的加词中使用首字母大写的做法是过时的（见辅则60F.1）："*Heterochaeta*"是同位语的属名（主格），而"*Asae*"是Asa的属格。

发表新名称的最佳做法

其中一些建议是基于《法规》中的辅则。特别是有关属名（辅则20A）和种加词（辅则23A，同样适用于种下加词）的构成的辅则、有关合格发表的辅则（辅则32A~44A），以及有关缀词法的辅则（辅则60A~60H）。

● 给出一个适当的描述和特征集要。在发表新分类群的名称时，你是包括描述还是特征集要，还是两者均含，是使用拉丁文还是英文，还是两者均含，这可能是一个编辑策略的问题。但无论如何，你能提供的相关信息越多越好。简单地写"像属的其他物种一样[或种x]，但具披针形的叶，早落的萼片，和5~8毫米长的白色花瓣"，而无其他细节是没有多大用处的。

● 在发表任何新名称时，检查相关的名称索引，如国际植物名称索引（https://www.ipni.org/），以防名称已经存在。你不会想发表一个晚出等名（将没有命名地位）或一个晚出同名（将为不合法）吧。

● 当你发表新组合、新等级名称或替代名称时，检查你的有意基名或被替代异名已被合格发表。当为一个晚出同名（或为避免产生一个晚出同名）时，检查早出同名（或阻滞名称，即，如果你要创建一个晚出同名，则该名称将是早出同名）确实已合格发表，因为在诸如*Index kewensis*〔《邱园索引》〕（见第145页）等老的目录中有许多条目实际上不是合格发表的名称。

● 指明新分类群的名称如此，如*species nova*或*genus novum*或*ordo novus*。这些拉丁文术语通常缩写为sp. nov.、gen. nov.、ord. nov.等，它巧妙地避免需确保形容词*novus, -a, -um*（新的）与为等级指示术语的名词在性别上保持一致。

● 指明新组合、新等级名称或替代名称如此。常见的缩写分别为"comb. nov."（*combinatio nova*）、"stat. nov."（*status novus*）和"nom. nov."（*nomen novum*）。当新组合也是新等级名称时，你可以写"comb. & stat. nov."或"comb. et stat. nov."。

● 使模式明显。当指定一个新分类群的模式时，你需要使用单词"*typus*"或"*holotypus*"，或其缩写或其在现代语言中的等同语。为让你指定的模式对最广泛的国际读者来说清晰可辨，使用拉丁文单词或使用拉丁文字母且与拉丁文同源的现代语言的等同词，如holotipo（西班牙文）或holotype（英文）。

● 清楚指明标本馆。当指定一份标本为主模式时，你需要指明其保存的单一标本馆、收藏机构或研究机构。国际上容易理解的标准方法是引用标本馆索引（ http://sweetgum.nybg.org/science/ih/ ）中给出的标本馆代码，如NY代表纽约植物园。

● 指定模式时，明确地引证单一标本（见条款8.2和条款8.3），例如，通过引用一个永久识别该标本的标本馆条形码或其他编号。如果该标本可通过永久链接在线浏览，也引用该链接。引用单一采集能足以指明模式（条款40.2），但是，该采集在指明的单一标本馆中有多于一份标本时，这些标本将是合模式（条款40注释1），且将没有主模式；这是仍然可能产生合模式的唯一途径，而它不是最佳做法。

● 引用主模式的采集细节，即完整的地点、采集日期、采集人的姓名和任何采此编号。尽管仅引用唯一的标本识别码和标本馆代码能足以合格发表，但给出有关模式的更多信息是有益的，特别是该标本不能开放在线浏览时。只有确实存在过度采集的威胁时，才应隐藏确切的地点细节。

● 清楚注释主模式为如此，至少标注它模式标定的名称和你的姓名，并确保它在原白中指明的标本馆中可供查看。主模式不应该无限期地放在你办公室（或者更糟的是你家）中一堆报纸里的一份未装订的标本。

● 只要你遵循有关名称构成的规则（见第38~44页），你在选择一个新分类群的名称（或替代名称）时就有很大的自由，而且还可充分发挥你的创造力。一定要选择一个与有机体相关的名称。以其最显著的形态特征、地理位置和栖息地偏好来命名分类群是常见的。但是要注意局域的地理名称：一个新分类群在首次描述时可能是局域特有，之后它可能会在其他地方发现。

● 另一方面，不要在新分类群的名称或替代名称中致敬你自己。许多人会认为这种行为是令人震惊的利己主义。然而，为已被他人发表的致敬你的基名发表一个新组合或新等级名称，则是无可厚非的。

依日期合格发表的规则

有关合格发表的一些规则是受日期限制的，意味着它们适用于一个特定日期或之后，但不适用那一日期之前。当规则不受日期限制时，它们则自所涉及的分类学类群的命名起点（如，种子植物门的1753年5月1日；见条款13.1和条款F.1）适用。根据现行《法规》中它们生效的日期排列，兹将最常遇到的规则总结于此。适用于藻类（条款44）、菌物（条款F.5）、化石（条款43）和杂种（第F章）的名称的额外规则和日期见第十一章。

1753年1月1日

- 这是维管植物、藓类的泥炭藓属〔*Sphagnum*〕、苔类（*Marchantiophyta*）、角苔（*Anthocerotophyta*）、菌物和大多数藻类的命名起点，即，*Species plantarum*, ed. 1（Linnaeus, 1753）（条款13.1和条款F.1）；较晚的命名起点适用于其他藓类、某些藻类、所有化石以及维管植物和苔藓植物门属以上的名称（条款13.1；第122~123页和第十一章）。在各类群的命名起点前不能存在合格发表的名称（条款32.1a）。
- 名称必须是有效发表的（条款32.1a）。
- 名称必须有符合条款16~27的形式（条款32.1c）。见第38~44页关于名称的构成的规则。
- 名称所归隶的属或种的名称必须已在之前或同时被合格发表（条款35.1）。
- 在一个组合中，作者必须明确将最终加词与属或种的名称或其缩写相关联（条款35.2）。例如，仅在*Eulophus*下列举*Cnidium peucedanoides*将不会合格发表组合*Eulophus peucedanoides*；它必须完整或以缩写形式引用该组合，如"*E. peucedanoides*"。
- 名称必须在原始出版物中被作者所接受，例如，它必须不是一个暂用名称或仅引用为异名（条款36.1）。暂时发表的名称（*nomen provisorium*, nom. prov.）或作为异名（*pro synonymum*, pro syn.）的名称是不合格发表的。然而，如果作者接受一个新名称，但在引用它时带有问号或分类学疑问的其他指示（在老的分类学文献中并不少见），这并不妨碍合格发表，例如，"*Sersalisia ? acuminata*"（见条款36例1）。
- 必须遵循条款3和条款4中规定的、条款5强制执行的相对等级次序（见第9

页表2)（条款37.6）。误置等级包括如变型划分为变种、种包含属以及属包含科或族等。

● 一个新分类群的名称必须伴有描述或特征集要，或引证一个之前有效发表的描述或特征集要（条款38.1a）。一个既无描述也无特征集要、也未引证描述或特征集要的名称（或更确切地说称谓）称为*nomen nudum*（nom. nud.，裸名），且是不合格发表的。

● 一个新组合、新等级名称或替代名称必须伴有对基名或被替代异名的引证（条款41.1）。对等级有限制，例如，一个科名不能基于一个属名和一个属名不能基于一个种名（详见条款41.2）。1953年1月1日前，引证可以是间接的（见该处）。

1908年1月1日

● 对于属或以下等级的新分类群的名称，不再接受具分解图的图示代替合格化描述或特征集要（条款38.7和条款38.8；对于分解图的定义见条款38.9和条款38.10）

1912年1月1日

● 一个新属的名称不能再与发表时使用的拉丁文形态学术语一致（条款20.2）。如果伴有一个双名种名，此类名称在1912年前可能是合格发表的。

1935年1月1日~2011年12月31日

● 对于植物或菌物（化石除外）的新分类群的名称，合格化描述或特征集要必须使用拉丁文（条款39.1）。对于1935年以前发表的名称，合格化描述或特征集要可以使用任何语言。

1953年1月1日

● 互用名称不再是合格发表的（条款36.3）。从这个意义上来说，互用名称是基于相同模式且被同一作者在同一出版物中作为选择同时接受给同一分类群的两个或多个不同名称。这与条款18.6批准的互用科名有不同的意义。

- 必须清楚指明所涉及分类群的等级（条款37.1）。属以上名称的词尾（结尾）可接受为指明等级（如-aceae指明科的等级）（条款37.2及脚注）。1953年以前，一个未清楚指明等级的名称可能是合格发表的。
- 对于一个新分类群的名称，对之前有效发表的描述或特征集要（当在原白中未包括描述或特征集要时）的引证必须是完整且直接的。对于1953年前发表的新分类群的名称，此类引证可以是间接的或甚至是隐含的（条款38.13）。
- 对于一个新组合、新等级名称或替代名称，对基名或被替代异名的引证必须是完整且直接的。对于1953年前发表的此类名称，也必须有引证，但它可以是间接的（如，通过另一个名称）或甚至是隐含的（如，仅为一个作者引用）（条款41.3和条款41.5）。

1958年1月1日

- 对于一个属或以下等级的新分类群的名称，必须指明模式（条款40.1）。1958年以前，一个未指明模式的名称可以是合格发表的。

1958年1月1日~2011年12月31日

- 对于一个藻类（化石除外）新分类群的名称，合格化描述或特征集要必须使用拉丁文（条款44.1）。对于1958年以前发表的名称，合格化描述或特征集要可以使用任何语言。

1973年1月1日

- 如果要使一个名称在未同时满足《法规》有关合格发表的所有要求的情况下合格发表，则必须给出之前满足这些要求之处的完整且直接引证（条款33.1）。1973年以前，当这些要求的最后一项得到满足时，此类名称即被合格发表。

1990年1月1日

- 对于一个属或以下等级的新分类群的名称，必须使用单词"*typus*"或"*holotypus*"、或其缩写或其在现代语言中的等同语指明模式（条款40.6）。

● 对于一个种或种下分类群的名称，如果模式是一份标本或一幅未发表的图示，必须指明模式保存的单一标本馆、收藏机构或研究机构（条款40.7）。

1996年1月1日

● 对于一个化石新分类群的名称，合格化描述或特征集要必须使用拉丁文或英文（条款43.1）。对于1996年以前发表的名称，合格化描述或特征集要可以使用任何语言。

2007年1月1日

● 对于一个种或种以下等级的新分类群的名称，模式不能再是一幅图示，而必须是一份标本（条款40.4）。在某些情况下，非化石微型藻类和非化石微型菌物是一个例外（条款40.5）。
● 对于一个新组合、新等级名称或替代名称，必须引用基名或被替代异名（条款41.5）。不再允许在未实际引用的情况下指明基名或被替代异名（引证并不必然意味着引用）。

2012年1月1日

● 对于所有类群的新分类群的名称，合格化描述或特征集要必须使用拉丁文或英文（条款39.2）。

2019年1月1日

● 对于种或以下等级的藻类或菌物新分类群的名称，当模式是保存在代谢不活跃状态下的培养物（条款8.4）时，原白必须包括该培养物是保存在这一状态下的陈述（条款40.8）。

藻类和植物名称的注册

在2017年的深圳大会上，为今后包括化石藻类和化石植物在内的藻类和植物的新名称和（或）命名行为的注册制定了规则框架。对于菌物和化石菌物，新名称的注册自2013年1月1日开始是强制性的，而模式指定的注册自2019年1月1日开始（条款F.5；见第109~110页）。认可的命名存储库负责注册名称和（或）命名行为。对于菌物之外的有机体，流程可概述如下：

● 一个研究机构可向总委员会（见第135~137页）申请成为一个认可的命名存储库。总委员会将申请指派给注册委员会。

● 建议系统的细节必须在申请者、注册委员会以及维管植物、苔藓植物、藻类和（或）化石命名委员会之间进行协商产生。具体细节必须向社会公开，且至少一年的公开试运行需表明该系统高效且可持续地运行。

● 注册可发生在一个名称或命名行为发表之前（如菌物）、同时和（或）之后。

● 注册委员会向总委员会提出建议，总委员会根据该建议采取行动，是否认可该储存库。

● 总委员会有权暂停或撤回一个存储库的认可。

● 目前，《法规》没有强制注册藻类或植物名称。总委员会也没有这种权力。修改《法规》的提案必须提交给未来的国际植物学大会并由其接受。

● 在2023年[1]召开的下一届国际植物学大会上，对藻类、植物或其化石是否变为强制必须进行注册，将取决于届时是否存在一个职能系统。在墨尔本大会和深圳大会期间，国际植物名称索引（https://www.ipni.org/）对维管植物名称进行了注册系统的试运行，并探索建立可持续系统的可行性。同一期间，启动了两个对化石分类群的名称和模式的注册系统：对化石植物的植物化石名称注册〔the Plant Fossil Names Registry〕（https://www.fossilplantnames.org/）和对《法规》涵盖的所有化石分类群的国际化石植物名称索引〔the International Fossil Plant Names Index〕（https://fossilplants.info/）。在2017年深圳大会后，启动了一个对藻类名称的注册系统：藻类库〔PhycoBank〕（https://www.phycobank.org/）。尽管截至本书写作（2019年1月）时，它们无一向总委员会申请成为认可的存储库，但是，这些系统的试运行目前是有效的。

1　译者注：由于疫情影响，原定于2023年于巴西里约热内卢召开的第二十届国际植物学大会，延期至2024年于西班牙马德里召开。

关于名称构成的规则

涉及学名实际形式的合格发表的其余要求尚未讨论。根据这些规则，一个名称的合格发表取决于它是否具有要求的形式，不同于有关缀词法和性的规则（见第十章），后者独立于合格发表，而且允许更正在拼写和语法上的错误。

有关合格发表的核心规则是条款32.1，它要求一个名称只应由拉丁文字母表的字母组成，且应具有符合条款16~27规定的形式。这些规定适用于不同等级的分类群名称，而且自科级以上分类群至种下分类群按降序有序安排。它们描述如下。

属以上分类群的名称

科级以上的名称（条款16.1）可以是构自于所包含属的名称的自动模式标定的名称，如*Magnoliophyta*（构自*Magnolia*）、*Pinopsida*（构自*Pinus*）或*Poales*（构自*Poa*），也可以是描述性名称，如*Angiospermae*、*Fungi*、*Gymnospermae*、*Monocotyledones*、*Spermatophyta*和*Tracheophyta*。自动模式标定的名称之所以如此称谓，是因为它自动与其构自的属的名称具有相同的模式。这些名称通过在属名的属格词干上添加与名称等级相适应的词尾（结尾）（条款16.3和条款17.1；见第40页表5），如果词尾以辅音开头，则使用连接元音-o-。例如，*Magnoliophyta*构自于*Magnoli*-（*Magnolia*的属格*Magnoliae*的词干）加上连接元音-o-加-*phyta*（藻类或植物的门的词尾）；*Poales*构自于*Po*-（*Poa*的属格*Poae*的词干）加上-*ales*（目的词尾）。

科或科内次级区分的名称以相同方式构成（见第39页表3），但具不同的词尾：科为-*aceae*；亚科为-*oideae*，族为-*eae*以及亚族为-*inae*（条款18.1、19.1和19.3；见第40页表5）。

科或科内次级区分的名称不能是描述性名称，条款18.5列出的那些传统科名除外，如*Compositae*，条款18.6允许它使用一个构自于为其提供模式的属名的互用科名（互用名称〔*nomen alternativum*〕，nom. alt.）。这些名称列于表4（第40页）。

注意，当蝶形花科被认为不同于豆科其余部分的一个科时，名称*Papilionaceae*针对*Leguminosae*保留（见第八章）；否则*Leguminosae* Juss. 1789较*Papilionaceae* Giseke 1792有优先权。另外，蝶形花科包括在豆科作为一个亚科时，条款19.8允许将*Papilionoideae*用作*Faboideae*的互用名称。

必须使用条款16~19（并总结于条款37.2脚注中）中规定的等级指示词尾，而且，在门至亚纲的等级上，藻类、菌物和植物使用不同的词尾（见第40页表5）。如果插入条款16~19中未提及的额外等级，如为了允许在一个大的系统发育树中命名分支〔clade〕，则并不强制在那些额外等级中的名称使用特定的词尾。

注意，属以上的名称被处理为复数名称，因而，在语法上写"the *Orchidaceae* are"优于"the *Orchidaceae* is"。它们也是以首字母大写书写。是否应斜体则是编辑风格与传统的问题，而不是命名法的问题。《法规》在这方面既不强制也无建议，但是，在其管辖范围内，始终如一地斜体所有学名。注意，对于动物学名称，《国际动物命名法规》（附录B：一般性荐则6）建议不斜体属级〔genus-group〕以上的分类群的名称，且实际以首字母大写书写此类名称。

表3　自动模式标定的属以上名称的构成，以科名为例（见条款18.1）

属名	属格单数	词干	科名（加-aceae）
Aextoxicon	*Aextoxicou*	*Aextoxic-*	*Aextoxicaceae*
Aster	*Asteris*	*Aster-*	*Asteraceae*
Capparis	*Capparis / -os*	*Cappar-*	*Capparaceae*
Cycas	*Cycadis*	*Cycad-*	*Cycadaceae*
Dryopteris	*Dryopteridis / -os*	*Dryopterid-*	*Dryopteridaceae*
Juglans	*Juglandis*	*Jugland-*	*Juglandaceae*
Lilium	*Lilii*	*Lili-*	*Liliaceae*
Magnolia	*Magnoliae*	*Magnoli-*	*Magnoliaceae*
Melastoma	*Melastomatis / -os*	*Melastomat-*	*Melastomataceae*
Pinus	*Pini*	*Pin-*	*Pinaceae*
Plantago	*Plantaginis*	*Plantagin-*	*Plantaginaceae*
Poa	*Poae*	*Po-*	*Poaceae*
Potamogeton	*Potamogetonis / -os*	*Potamogeton-*	*Potamogetonaceae*
Salix	*Salicis*	*Salic-*	*Salicaceae*
Smilax	*Smilacis*	*Smilac-*	*Smilacaceae*
Vitis	*Vitis*	*Vit-*	*Vitaceae*

表4 传统科名与互用科名及其模式

中名	传统科名	互用科名（nomen lternativum）	模式
菊科	*Compositae*	*Asteraceae*	*Aster* L.
十字花科	*Cruciferae*	*Brassicaceae*	*Brassica* L.
禾本科	*Gramineae*	*Poaceae*	*Poa* L.
藤黄科	*Guttiferae*	*Clusiaceae*	*Clusia* L.
唇形科	*Labiatae*	*Lamiaceae*	*Lamium* L.
豆科	*Leguminosae*	*Fabaceae*	*Faba* Mill. [= *Vicia* L.]
棕榈科	*Palmae*	*Arecaceae*	*Areca* L.
蝶形花科	*Papilionaceae* *	*Fabaceae*	*Faba* Mill.
伞形科	*Umbelliferae*	*Apiaceae*	*Apium* L.

*当蝶形花科处理为不同于豆科其余部分时，针对*Leguminosae*保留（见第八章）

表5 属以上名称依其等级和有机体类群的强制词尾（结尾）

等级	词尾			条款
	藻类	菌物	植物	
门（division or phylum）	*-phyta*	*-mycota*	*-phyta*	16.3
亚门（subdivision or subphylum）	*-phytina*	*-mycotina*	*-phytina*	16.3
纲（class）	*-phyceae*	*-mycetes*	*-opsida*	16.3
亚纲（subclass）	*-phycidae*	*-mycetidae*	*-idae*	16.3
目（order）		*-ales*		17.1
亚目（suborder）		*-ineae*		17.1
科（family）		*-aceae*		18.1
亚科（subfamily）		*-oideae*		19.1
族（tribe）		*-eae*		19.3
亚族（subtribe）		*-inae*		19.3

属的名称

属的名称是主格单数名词或如此处理的各种类型的词，且以首字母大写书写（条款20.1）。该名称可以很随意地构成，且不需有任何拉丁文或希腊文的意义。例如，*Daucus*来自希腊文δαύκος，*daukos*，是来自克里特岛作为药用的一种胡萝卜状的植物，*Ginkgo*来自该树的日文名，*Magnolia*命名以致敬Pierre Magnol，*Quercus*来自拉丁文*quercus*（橡树），*Wollemia*源自该树的发现地瓦勒迈国家公园〔the Wollemi National Park〕。只要它们由连字符连接，一个属名可以由两个词组成（条款20.3），如纪念Hermann Maximilian Carl Ludwig Friedrich zu Solms-Laubach（1842~1915）的*Solms-laubachia*。

只要它伴有一个双名种名，一个发表于1912年之前的属的名称可以与发表时在使用的拉丁文专业术语一致（条款20.2）。例如*Tuber* F.H. Wigg. 1780是合格发表的，因为它伴有一个双名名称*T. gulosorum* F.H. Wigg。然而，1912年1月1日或之后，此类名称是不合格发表的。

属内次级区分的名称

属内次级区分的名称是一个由属的名称和次级区分加词组成的组合（条款21.1），在它们之间插入等级指示术语（如subgenus、section、series，通常缩写为subg.、sect.、ser.）。次级区分加词（条款21.2）以首字母大写书写，且可以采用三种形式：①与属名相同的形式（主格单数名词或处理为如此的词），如*Poa* subg. *Stenopoa*（"狭义的*Poa*"）；②属格复数名词，如*Pleione* subg. *Scopulorum*（"岩石的"）；③与属名的性一致的复数形容词，如*Salix* sect. *Argenteae*（"银色的"，阴性复数，*Salix*为阴性）。如果一个名称的次级区分加词由前缀*Eu-*跟随属的名称构成，则该名称是不合格发表的（条款21.3），如*Carex* sect. "*Eucarex*"。

种的名称

种的名称是一个由属的名称和种加词组成的组合（条款23.1）。种加词可以来自任何来源（条款23.2），并且，它可以是与属名的性一致的形容词、属格名词、主格名词或处理为此的词，也可以是两个或多个联合或用连字符连接的词（见第42页表6）。种加词不能完全重复属名，如"*Linaria linaria*"；此类称谓是重词名，而且，根据本《法规》不能被合格发表（条款23.4），虽然在动物命名法中是允许的。

表6 种加词举例，在Gledhill（2008）中可找到更多例子

属名	种加词	种加词：词的类型	种加词：意义
Helianthus	*annuus*	形容词，阳性	一年生的
Quercus	*alba*	形容词，阴性	白色的
Rhododendron	*arboreum*	形容词，中性	树状的
Magnolia	*grandiflora*	形容词+形容词的复合词，阴性	大花的
Thalictrum	*aquilegiifolium*	名词+形容词的复合词，中性	似楼斗菜叶的
Quercus	*griffithii*	属格名词，阳性单数	格里菲斯（Griffith）的
Ballota	*deserti*	属格名词，阳性单数	荒漠的
Strelitzia	*reginae*	属格名词，阴性单数	女王的/王后的
Gladiolus	*masoniorum*	属格名词，阳性复数	梅森（Mason）们的
Coix	*puellarum*	属格名称，阴性复数	女孩的
Glebionis	*segetum*	属格名称，阴性复数	谷田的
Quercus	*suber*	主格名词	栓皮栎
Nymphaea	*lotus*	主格名词	荷花、莲花
Zea	*mays*	处理为主格名词的词	玉米
Disa	*longicornu*	形容词+主格名词的复合词	长角
Anthyllis	*barba-jovis*	连字符连接的词，主格名词-属格名词	朱庇特的胡子
Aster	*novae-angliae*	连字符连接的词，属格形容词-属格名词	新西兰的
Galanthus	*reginae-olgae*	连字符连接的词，属格名词-属格名词	奥尔加女王的
Impatiens	*noli-tangere*	连字符连接的词，动词-动词	不要触碰

　　注意，尽管在命名一个新分类群时，你可能希望选择一个合适的加词，但是，种加词（及一般而言的名称）并不一定适合该有机体，且《法规》也并不要求它们适合。例如，*Orobanche alba* Stephan ex Willd.（"白色"）通常是紫红色。*Acer sempervirens* L.（"常绿的"）通常是落叶的。*Sedum anglicum*

Huds.（"英格兰的"）遍布西欧，而并不是仅仅见于英格兰。*Sideritis cretica* L.（"克里特岛的或与克里特岛有关的"）并不见于克里特岛，而是产于加那利群岛。

种下分类群的名称

种下分类群的名称是属名、种加词和种下加词的组合（条款24.1）。种下加词以与种加词相同的方式构成（条款24.2）。等级指示术语（如，subspecies〔亚种〕、variety〔变种〕、form〔变型〕通常缩写为subsp.、var.、f.）紧接着置于种下加词前，但是，与属内次级区分的名称（见第41页）一样，它不是名称本身的一部分。例如，*Poa trivialis* subsp. *sylvicola*和*P. trivialis* var. *sylvicola*是相同的组合，但处于不同的等级。

自动名

包括属名模式的属内次级区分的名称必须不加改变地重复属名为其次级区分加词（条款22.1和22.2），如*Rhododendron* subg. *Rhododendron*。此类名称是自动名，而且，正如该术语所暗示的，它们是在特定等级的属内次级区分的名称首次合格发表时自动建立（条款22.3），即使在该出版物（该情形通常见于老文献中）中没有明确引用自动名（条款6.8和32.3）。然而，如果属名是不合法名称，则不会建立自动名（条款22.5）。

类似地，包括种名模式的种下分类群的名称必须不加改变地重复种加词为其种下加词（条款26.1和26.2），如*Poa trivialis* subsp. *trivialis*。这些名称也是自动名，且通过首次合格发表特定等级的种下分类群而建立（条款26.3），然而，如果种名为不合法时，则不建立自动名（条款27.2）。

注意，自动名只存在于那些包括属或种应当采用的名称的模式的从属分类群（条款22注释1和条款26注释1）；他们也不存在于属以上的等级。例如，如果在*Poaceae*中认可族，名称*Poeae*不是自动名。类似地，如果在*Poa* subg. *Stenopoa*内认可组，名称*P.* sect. *Stenopoa*不是自动名；以及，如果在*P. trivialis* subsp. *sylvicola*内认可变种，名称*P. trivialis* var. *sylvicola*不是自动名。

尽管自动名只按照上面的定义存在，但在其他等级上也有类似于自动名的名称。请注意，这些名称不是自动产生的，而是每个名称必须由其自身的命名行为合格发表。这里有一些例子。如果它包含科的模式，归隶于名为*Poaceae*的族则必须命名为*Poeae*（条款19.4）。在科级之上，归隶于一个称为*Poales*的目的亚目，如果它包括科名的模式，则必须命名为*Poineae*（条款16.2）。属级以下，归隶于称为*P.* subg. *Stenopoa*的亚属的组，如果包含了该亚属的模式且根据规则如此命名没有障碍时，应（不是必须）命名为*P.* sect. *Stenopoa*（辅则26A.1）。类似地，一个归隶于称为*P. trivialis* subsp. *sylvicola*的亚种的变种如果包含了该亚种名称的模式且同样根据规则如此命名它没有障碍时，应命名为*P. trivialis* var. *sylvicola*（辅则26A.1）。

同样要注意，就命名而言，一个种视为是其从属分类群的总和（条款25.1）。例如，因为*Poa trivialis*包括subsp. *trivialis*和subsp. *sylvicola*，所以，将种名单独用给subsp. *trivialis*可能会引起混淆。

第六章 如何为一个分类群寻找正确名称

优 先 权

优先权原则是判断科及科以下等级分类群的正确名称的基础。科级以上，优先权并不适用。优先权意味着如果两个或多个名称在相同等级上适用于同一分类群，必须使用较早发表的合法名称（或其加词），除非其他规则禁止如此使用。尽管多个合格发表的名称可能适用于一个分类群，但是，具有特定界定、位置和等级的分类群只能有一个正确名称（条款11.1）；其他名称是异名。

为一个分类群寻找正确名称是一个涉及专业文献的漫长过程。幸运的是，大量老文献现在已被扫描并在线，使得任何有计算机和网络连接的人均可使用它们。在线查找这些文献通常比访问图书馆和查阅实体书籍更为迅捷。

假定你已定义了一个有特定界定（包括什么）、位置（就命名而言，它归隶于什么属或种）和等级的分类群。这更多的是分类学，但它有命名的结果。你面对的是可能适用于该分类群的一个名称列表或多个明显的名称。你如何从它们中确定正确名称呢？

你可以从忽略任何未有效发表或未合格发表的名称（或准确地说是称谓）开始（见第46页图9）。接下来，你可以核对合格发表的名称的模式，并排除那些如其界定不适用于该分类群者（模式标定详见第七章）。然后，你可以把任何不合法（条款6.4）的名称归入异名。

非常重要的是，要记住，一个名称只针对相同等级的名称竞争优先权（条款11.2），例如，一个较早的变种名称不能优先于一个较晚的种名。例如，当*Magnolia virginiana* var. *foetida* L. 1753被提升到种的等级时，它被命名为*M. granflora* L. 1759，而不是*M. foetida* (L.) Sarg. 1889。尽管*M. virginiana* var. *foetida*是最早的名称，但它不能针对种的名称竞争。

所有名称（和表象名称）

有效出版物 否 → 不是有效发表的著作中的称谓

是↓

名称（和表象名称）在有效发表的著作中（条款29~31）

合格发表 否 → 未合格发表的称谓

是↓

合格发表的名称（条款32~45，F.4，F.5.1, F.5.2和H.9）

模式标定 否 → 合格发表的名称，因属于其他分类群（为正确名称或作为异名）而排除

是↓

其模式与如其所界定的分类群有关的名称（条款7.1）

合法性 否 → 合格发表的名称，违反某些规则（条款18.3，1986，或52~54），且因此为不合法

是↓

名称符合规则（合法名称）

优先权 否 → 合法名称，应列为异名

是↓

最早的名称可应用于该分类群所要求的位置和所要求的等级（优先权；条款11）

正确名称

图9 命名过滤器，阐明在确定一个分类群的正确名称时应采取的步骤。基于David Hawksworth和John McNeill对Jeffrey（1989: 19）的类似插图的修正。

对于科至属（均含）的等级的名称，简单地说，正确名称就是同一等级上最早的名称（条款11.3）。例如，当*Aesculus* L. 1753、*Pavia* Mill. 1754、*Calothyrsus* Spach 1834和*Macrothyrsus* Spach 1834属于一个属时，其正确名称是在属的等级上最早的合法名称*Aesculus*，而其他名称为异名。当然，可应用于你的分类群的仅有的合格发表的名称可能都在其他等级上，或者它们可能都是不合法的，或者两者兼有。这种情况下，你可能需要发表一个新分类群的名称、新等级名称或者替代名称。

处理称谓（不合格发表的名称）

　　尽管，因为根据《法规》它们没有地位，你可以忽视称谓（即不合格发表的名称），但是，在异名中或评述中引用它们，并通过引用相关条款解释它们为什么是不合格发表的，通常是有用的。这样做对其他同行是有帮助的，他们将无须再重复你已经进行过的研究。《法规》在双引号内引用称谓上保持一致，例如，"*Aster angustifolius*"，为Royle（1835: 251, t. 58, f. 1）发表的一个裸名。

　　你也可以引用作为这样的称谓的基础的任何标本或图示，但不要将它们称为模式，因为模式依附于名称并决定了它的应用（条款7.1和7.2），名称根据定义必须是合格发表的（条款6.3和12.1）。这就是为什么图9（第46页）中的命名过滤器中的第三步（即模式标定）被置于有效发表和合格发表之后。

　　另一种类型的称谓是误用名称，即，当作者将一个已存在的名称用在不同于其原始用法的意义上，或更准确地说，用在排除其模式的意义上。除非该作者明确排除模式（在此情形下，导致发表一个晚出同名；见条款48.1），误用名称不具有与该名称正确应用时的不同命名地位。你可以简单地忽视它，但是，有时引用它为误用名称是有用的，例如，*Solanum pyracanthos sensu* Jacq. *non* Lam.，这里*sensu*的意思是其名称紧跟着的作者的"意义（或观点）"，而*non*的意思是"不是"，因而，*S. pyracanthos*指的是Jacquin（1804: 36）的观点，而不是原始作者Lamarck的观点。如果一个名称被更广泛地误用，你可能会看到诸如*Polygala chinensis* auct. non L.的引用，这里"auct."是auctorum的缩写，意思是"作者的"。很不幸，植物学文献中有很多误用名称，而且它们经常被引用，好像它们依其自身地位而已被合格发表，因而很容易被误认为是晚出同名。例如，国际植物名称索引（https://www.ipni.org/）中有许多类似于晚出同名的误用名称的记录，尽管这些记录正逐渐得到解决。

　　属级以下，判断正确名称可能更复杂。它不一定是相同等级上并从属于相同属或种的最早的合法组合，而是该分类群在同一等级上最早合法名称的加词与它所归隶的属或种的正确名称的组合（条款11.4；见第48页图10）。

　　请注意，分类群在相同等级的最早的合法名称可能在与你想要的位置不同，即属内次级区分的名称或种名组合在不同的属名下，或者种下分类群的名称组合在不同的种名下。在这种情形下，正确名称可能还未被发表，而且可能需要发表一个基于那个最早名称的新组合。

如果这个过程产生的组合会构成一个将不会被合格发表的重词名（例如"*Cyanus Cyanus*"），或者，如果它将是一个不合法晚出同名，将使用在相同等级上的下一个最早合法名称的最终加词。如果没有最终的加词可用，则可以发表一个替代名称或一个新分类群的名称。

例如，Wei & Pedley（2010）认可了一个分类群，其界定包括种名*Millettia unijuga* Gagnep. 1913和*Craspedolobium schochii* Harms 1921的模式；他们认为恰当的位置应从属于*Craspedolobium*，以及恰当的等级是种。这两个名称是合法的且在相同等级上，因此竞争优先权。*Millettia unijuga*是较早的，并且，正确名称因此而为其最终加词*unijuga*与*Craspedolobium*的组合，即不得不发表为新组合的*C. unijugum* (Gagnep.) Z. Wei & Pedley 2010。也请注意，因为*unijuga*是一个形容词，其与*Milletia*一致的阴性结尾必须变更为*unijugum*，以与*Craspedolobium*的中性一致（条款23.5）。

---

7. **Solanum chilense** (Dunal) Reiche, Anales Univ. Santiago 124: 742. 1909. *Lycopersicon chilense* Dunal in A. DC., Prodr. 13(1): 24. 1852.—TYPE: CHILE. Region II (Antofagasta): Cobija, 1839, *Gaudichaud s.n.* (holotype: G-DC! [F neg. 6761: F! GH! WIS!]]; isotypes: B [destroyed, F neg. 2726: F! GH! WIS!], F-fragment! G! [F neg. 2726: F! GH! WIS!], MPU-fragment! P! WIR!).

Lycopersicon atacamense Philippi, Fl. Atacam. 42. 1860.—TYPE: CHILE. "Paposo, Diciembre 1853, Tilopozo," *Philippi s.n.* (lectotype, here designated: SGO-055593! [Departamento de Investigaciones Agrícolas neg. s.n.: F! GH!]).

Lycopersicon bipinnatifidum Philippi, Anales Mus. Nac. Santiago de Chile, Bot. 1891: 63. 1891.—TYPE: CHILE. Region I (Tarapacá): Chacarillas, Mar 1885, *Rahmer s.n.* (lectotype, here designated: SGO-055599!; isolectotype: SGO-042822! Departamento de Investigaciones Agrícolas neg. s.n.: F! GH!]).

Lycopersicon puberulum Philippi, Anales Mus. Nac. Santiago de Chile, Bot. 1891: 64. 1891. *Lycopersicon peruvianum* subsp. *puberulum* (Philippi) Luckwill, Univ. Aberdeen Studies 120: 30. 1943.—TYPE: PERU. "Tacna e seminibus e P. Ortega communicat culta Santiago," Dec 1887, *Philippi s.n.* (lectotype, here designated: SGO-042824!; isolectotype: WU!).

Robust perennial herbs, erect becoming decumbent, woody at the base, to 1 m tall, to 1 m in diameter, occasionally spreading in rocky habitats. Stems 8–12 mm in diameter at base, grayish, densely velvety-pubescent with simple uniseriate eglandular white trichomes to 0.5 mm long (with a unicellular base and bent at the tip), much more abundant on young stems, and scattered short, uniseriate glandular trichomes with 4-celled heads and 8-celled heads amongst the eglandular trichomes. Sympodial units 2- (rarely 3-) foliate; internodes

---

图10　*Solanum chilense* (Dunal) Reiche的分类处理，引自Peralta & al.（2008: 89）发表在*Systematic Botany Monographs*〔《系统植物学专著》〕第84卷中专著的第89页。美国植物分类学家学会许可复制。这个处理的组成如下：

● 接受名称：*Solanum chilense*；同模式异名：*Lycopersicon chilense*；引用标本馆G-DC的主模式（第57页图13）和在B（已损毁）、F（碎片）、G、MPU（碎片）P和WIR的等模式。置于标本馆代码后的感叹号（！）表示作者已见过该引用的标本。标本馆代码按照标本馆索引（http://sweetgum.nybg.org/science/ih/）。

- 异模式异名：*Lycopersicon atacamense*；指定的后选模式在标本馆SGO。
- 异模式异名：*Lycopersicon bipinnatifidum*；指定的后选模式在SGO（第58页图14），以及引用在SGO的等后选模式。
- 异模式异名：*Lycopersicon puberulum*；同模式异名：*Lycopersicon peruvianum* subsp. *puberulum*；指定的后选模式在SGO（第59页图15）和引用的等后选模式在WU。
- 同模式异名（*Lycopersicon chilense*和*Solanum chilense*；*L. puberulum*和*L. peruvianum* subsp. *puberulum*）具有相同的模式，因而，在实际上应用于同一分类群。另一方面，异模式异名（*Lycopersicon atacamense*、*L. bipinatifidum*、*L. chilense*和*L. puberulum*）具有不同的模式，而该本专著的作者已作出决定（观点问题），它们均属于同一个种且属于茄属（*Solanum*）。该分类群在种的等级上最早的合法名称是*Lycopersicon chilense* Dunal 1852；因而，该种的正确名称是其加词（*chilense*）与*Solanum*的组合，即*Solanum chilense*。

　　偶尔，在相同等级上同时发表的名称将竞争优先权。在此情形下，正确名称由命名行为决定，即在一个有效发表的著作中，接受一个名称而将其他名称归为异名的第一个作者的命名行为（条款11.5）。例如，当*Dentaria* L. 1753和*Cardamine* L. 1753合并时，合并的属命名为*Cardamine*，因为该名称是第一次合并这两属的Crantz（1769: 126~127, [142]）所接受的，并将*Dentaria*处理为异名。

　　涉及在相同等级上同时发表的名称时，请注意，自动名总是较建立它的名称具有优先权（条款11.6）。例如，*Heracleum sibiricum*包括命名为*H. sibiricum* subsp. *lecokii*和*H. sibiricum* subsp. *sibiricum*两个亚种，后者是根据前者的合格发表而自动建立的。当包括两个亚种的*H. sibiricum*被包括在*H. sphondylium*中作为一个亚种时，该亚种的正确名称是*H. sphondylium* subsp. *sibiricum*，而不是"*H. sphondylium* subsp. *lecokii*"。也请注意，*H. sphondylium* subsp. *sibiricum*的基名是*H. sibiricum*，而不是*H. sibiricum* subsp. *sibiricum*。

同等优先权名称之间的选择

　　判断最早发表的同等优先权名称之间的选择是极其困难的。这些命名行为未被编入索引，而且在你所追踪到的貌似最早的选择之前，很有可能还有一个你未追踪到的不同选择。这个潜在的问题对于广泛分布的分类群来说更严重，因为那里的文献可能很广泛。

在一些例外情况下，一个分类群在特定的界定、位置和等级上可以有一个以上的正确名称。8个自动模式标定的名被允许作为长期使用的描述性名称的互用名称，例如，*Asteraceae*被允许作为*Compositae*的互用名称（条款18.6；见第40页表4）。还有一个亚科名称，当蝶形花亚科包含在豆科中作为一个亚科时，*Papilionoideae*允许作为*Faboideae*的互用名称（条款19.8）。

界定、位置和等级

界定〔Circumscription〕是一个分类群中所包含的成分（如，从属分类群、异名、标本、图示）的指示。名称*Tulipa saxatilis* Sieber ex Spreng. 1825和*T. bakeri* A.D. Hall 1938可以应用于一个广义界定的物种或两个下一界定的物种；在前一情形，*T. saxatilis*被接受，而*T. bakeri*是一个异名；在后一情形，两个名称均被接受。名称*Taraxacum officinale* W.W. Weber ex F.H. Wigg.可以应用于一个界定极广的物种，包括大量分出来的分类群，这时这些分类群的所有名称（除*T. officinale*外）均为异名。或者，*T. officinale*和诸多其他名称可以应用于界定非常狭义的独立物种，这时，其中的每一个物种都有一个接受名称。当同一名称通常用在拥有如此截然不同的界定时，常使用术语sensu lato（广义）和sensu stricto（狭义），或选择缩写，如*T. officinale* s.str.和*T. officinale* s.l.。

位置（Position）是指在一个分类系统中，一个分类群相对于其他分类群的位置，而就命名而言，这是指其位置从属于一个特定的属或种。名称*Geranium zonale* L和*Pelargonium zonale* (L.) L'Hér.在不同位置应用于同一物种。如果接受名称*G. zonale*，则*P. zonale*是一个异名，反之亦然。

等级（Rank）是指分类群在一个连续从属等级的等级阶元中的位置，例如，属、亚属、组或系，或种、亚种、变种（条款3~4）。名称*Pinus brutia* Ten.和*P. halepensis* subsp. *brutia* (Ten.) Holmboe在不同等级上应用于同一分类群。如果接受名称*P. brutia*，则*P. halepensis* subsp. *brutia*是一个异名，反之亦然。

合法性和不合法性

虽然在基本概念和术语（第11页）中已简要讨论了合法性和不合法性，但本节更详细地核查了名称可能为不合法的三种方式：

- 名称是晚出同名时（条款53.1~53.3和条款F.6.1）。
- 当名称发表时是命名上多余的（条款52.1）。
- 当名称是科或科内次级区分的名称且基于不合法属名时（条款18.3和条款19.6）。

生来就不合法

当名称合格发表时，它要么是合法的，要么是不合法的。因此，名称"出生"后，要么是合法的，要么是不合法的，而且在没有特别干预的情况下维持这种状态。一个不合法名称不能用作正确名称，但是，可以用作一个替代名称的被替代异名，提供该替代名称的模式。不合法名称变为合法名称的唯一途径是通过保留，或对于菌物而言的保护（条款14或条款F.2；见第八章），或对于菌物的名称也可通过认可（条款F.3；见第110~111页）。

注意，一个不合法名称不会将其不合法性传递给从属分类群的名称。因而，即使发表在一个不合法种名下，一个种下分类群的名称可以是合法的（条款55.2），或者，即使发表在一个不合法属名下，一个属内次级区分的名称可以是合法的（条款55.1）。这不应与未合格发表的名称相混淆；例如，一个种名不可能在不合格发表的属的称谓下被合格发表（条款35.1）。

除非保留、保护或认可，一个科、属或属级以下的分类群的名称如果是**晚出同名**〔later homonym〕，则是不合法的（第52页图11）。同名是具有完全相同的拼写（忽略任何等级指示术语，如sect., var.）但基于不同模式的两个或多个名称。它们通常应用于不同分类群，例如，*Vicia gigantea* Hook. 1831描述自北美西部，而*Vicia gigantea* Bunge 1833是另一个描述自中国的不同物种。Bunge的名称发表在两年之后，是一个晚出同名，因而是不合法的。即使早出同名本身为不合法，或根据第56.1条（见第八章）为废弃的名称，或通常处理为异名，只要它是合格发表的，也没有什么不同。如果一个推定的早出同名是不合格发表的，则根据《法规》它是没有地位的，而且晚出名称也不是同名。所谓"副同名〔parahomonyms〕"（即基于不同模式但拼写非常相似以至于它们容易混淆）应处理为同名（条款53.2和53.3），而且，如有疑问，可请求做出一个约束性决定（条款53.4；见第81~82页）。在极少数情况下，同名可以是合法的，如果它们是同时发表的且不存在早出同名（条款53注释1），但是，其中只有一个可以使用（条款53.5）。

> muricatus, feminibus muricatis: caule proſtrato: foliis radicalibus rotundis lobatis crenatis obtuſis: calycibus retroflexis: petalis minimis fugacibus. *Ranunculus parviflorus.* Linn.
>
> Ranunculus hirſutus flore omnium minimo luteo. *Moriſon. 11. Sect. 4. Tab. 28. fig. 21.*
>
> *Obſ.* Stamina vix decem.
>
> h. H. Annua.

图11 一个由于是晚出同名而为不合法的名称（条款53.1）: *Ranunculus muricatus* Moench 1794 non L. 1753. 引自Moench的*Methodus plantas horti botanici et agri Marburgensis*〔马尔堡植物园和农田植物调查〕的第215页的部分（Moench, 1794: 215）。该名称是双重不合法的，因为发表时也是命名上多余的（条款52.1）。该原白的组成如下：

- 种加词："*muricatus*"（粗糙的），因而是*R. muricatus* L. 1753的晚出同名，且因此根据条款53.1为不合法。
- 鉴别性短语名称（多词名）："*[Ranunculus] muricatus, caule prostrato [...] petalis minimis fugacibus.*"（*Ranunculus*，粗糙的，具匍匐的茎[......]花瓣极小，短暂的）。
- 异名："*Ranunculus parviflorus.* Linn."1759。一个在相同等级上较早发表的名称；引用它使*R. muricatus*为发表时是命名上多余的，而且，根据条款52.1因此为不合法，因为Moench应使用*R. parviflorus* L.来代替。
- 异名："*Ranunculus hirsutus flore omnium minimo luteo.*"。引证图示的起点前短语名称（Morison, 1680: sect. 4, t. 28, fig. 21）。
- "*Obs[ervatio]. Stamina vix decem.*"（观察：雄蕊刚好10枚）。
- "*h[abitat]. [in] H[orto]. Annua.*"（它生于花园[德国马尔堡植物园]中。一年生）。

　　如果一个名称**发表时是命名上多余的**〔nomenclaturally superfluous〕（第53页图12，也见第52页图11），则该名称是不合法的，除非它被保留、保护或认可（见第八章）。"发表时命名上多余的"是指，如其作者界定，该名称所适用的分类群明确包含了一个应予采用的名称的模式或加词应予采用的名称的模式。有关优先权的规则（条款11.3和11.4）决定了哪个名称或加词应予采用。因为Murray引用了*Drimys* J.R. Forst. & G. Forst. 1775为异名，*Wintera* Murray 1784在发表时在命名上是多余的，且因此为不合法；因为Moench引用了*R. muricatus* L. 1753为异名（第53页图12），*Ranunculus lobatus* Moench 1794是不合法的。两个作者明确包括了应予采用的名称的模式（通过引用该名称为异名；见条款52.2e）。

图12 一个由于发表时为命名上多余的不合法名称（条款52.1）：*Ranunculus lobatus* Moench。引自Moench的*Methodus plantas horti botanici et agri Marburgensis*第214页的部分（Moench, 1794: 214）。原白的组成如下：

- 种加词："*lobatus*"（分裂的）。
- 鉴别性短语名称（多词名）："*[Ranunculus] lobatus, seminibus echinatis [...] calycibus retroflexis petalis longioribus.*"（*Ranunculus lobatus*，具有多刺的种子[......]，花萼向后弯曲，长于花瓣）。
- 异名："*Ranunculus muricatus*. Linn."1753。在相同等级上较早的合格发表的名称；因为Moench应使用*R. muricatus* L.来代替，引用它使*R. lobatus*成为发表时在命名上多余的，且根据条款52.1而因此不合法。
- 异名："*Ranunculus echinatus stellatus creticus.*"一个引证图示的起点前短语名称（Morison, 1680: sect. 4, t. 29, fig. 24）。"*Obs[ervatio]. Stamina 14~20 nunquam plura.*"（观察：雄蕊14~20，从来不会更多）。
- "*h[abitat]. [in] H[orto]. Annua.*"（它生于花园[德国马尔堡植物园]中。一年生）。

如果它有基名（必须是合法的）或构自于一个合法属名，一个发表时命名上多余的名称不是不合法的（条款52.4）；发表时，它仍然是命名上多余的（且因此不正确），但在以后的使用中，它在排除导致其不合法性的成分后可以变为正确的。因为Swartz引用了合法名称*Andropogon fasciculatus* L. 1753为异名，*Chloris radiata* (L.) Sw. 1788是发表时命名上多余的。然而，因为有一个基名*Agrostis radiata* L. 1759.，它不是不合法的。如果*Andropogon* *fasciculatus*被处理为不同的物种，*Chloris radiata*可以是正确的。由于Vest包含了*Salicaceae* Mirb. 1815的模式*Salix* L.，*Carpinaceae* Vest 1818是发表时命名上多余的，但是，因为构自于一个合法的属名*Carpinus* L.，它不是不合法的。如果排除*Salix*，*Carpinaceae*可以是正确的。

比这两种情况更罕见的是，如果**基于一个不合法的属名**，一个科或科内次级区分的名称则是不合法的。例如，*Caryophyllaceae*和*Caryophylloideae*二者均构自于不合法名称*Caryophyllus* Mill. 1754 non L. 1753，但是，因为*Caryophyllaceae*已被保留（见附录IIB），它和*Caryophylloideae*现在都不是不合法的。

第七章　如何指定一个模式

科或科以下等级分类群的名称的应用由命名模式决定（条款7.1）。命名模式是分类群的名称所永久依附的一份标本或一幅图示，无论该名称是正确名称或是异名（条款7.2）。模式不必是高质量的标本、绘制精美的图示，或甚至不必是一个分类群的典型的（即正常的）范例（见第57~59页图13~15），尽管在指明或指定模式时，你应该尽可能选择满足这些准则的一份标本或一幅图示。

有两种截然不同的情形，你应该指明或指定一个模式。第一种情形是当你描述一个新分类群的名称时，为了使名称合格发表，你必须在原白中指明模式（条款40.1）。这些要求在第五章中讨论。第二种情形（即本章的主题）是为还没有模式的现存名称指定一个模式。这可能是一个来自1753年至1957年期间的名称，当时在原白中指明模式并不是合格发表的要求。这些名称通常没有模式，或者它们可能有多个模式（合模式）或多个原始材料的成分（标本和/或图示），你需要从中选择一个模式（后选模式）；或者它们可能根本没有原始材料，在这种情况下，你需要选择一个全新的模式（新模式）。或者，一个名称可能有一个已遗失或已损毁的模式，现在需要（一个后选模式或新模式）来替代，或有时一个名称由其现存模式是非常过于有歧义以至于不能准确应用，在此情形下，你可以指定一个明确的支撑模式（附加模式）。

既然不是强制那么做，为什么你还要费事指定一个后选模式、新模式或附加模式呢？一个未如此模式标定的名称依然是合格发表的。然而，这样一个没有模式的名称（通常来自1958年前）在其应用上可能是不确定的或不稳定的。例如，一个名称可能基于可能代表不止一个分类群的数个合模式或其他原始材料成分，或者可能完全没有原始材料。在这两种情形下，确定名称应用的仅仅是传统，而不是模式。这是一种不稳定的命名状态。随着时间的推移，可能会偏离传统。此外，一个粗心的后选模式标定或新模式标定，指定了一个与该名称现有用法不一致的成分，该名称的应用将被改变。这是以伦敦历史自然博物馆为基础的林奈植物名称模式标定项目的基本原则。在缺乏模式的情况下，传统决定了数以千计林奈的名称的应用。对于命名一些世界上最知名的植物（以及藻类和菌物）而言，这不是一个稳定的基础。当然，该原则不局限于林奈的名称；它可能适用于成千上万个名称。

一个名称可能有合模式或其他原始材料，它们均与名称现有用法一致但质量却大相径庭，例如，一份能清晰呈现所有部分的优质标本，一份比秃枝稍好的劣质标本，以及一幅图示。在这种情况下，优质标本显然会是最佳的后选模式。基于枝条或图示的后选模式标定有可能使其难以准确地应用该名称，特别是如果有只能通过小枝和插图中缺失的特征来区分的密切相关的分类群。此外，从图示中提取DNA是不可能的。

假设从一个名称的原白中很清楚地知道没有主模式存在，你如何知道是否有人已经指定了一个后选模式或新模式呢？不幸的是，你可能很难确定。如果该名称是林奈的，你可以查看*Order out of chaos*〔《由乱至序》〕（Jarvis，2007）。对于属名，你可以查看属名索引〔Index Nominum Genericorum〕（https://naturalhistory2.si.edu/botany/ing），它引用模式（"T.:..."），或同模式名称（"≡..."），或"T.: non designatus"（模式未指定）。你可以查看其他包含模式标定的命名数据库，如Tropicos（http://www.tropicos.org/）。否则，你应该核对相关类群的专著，以及包括模式标定的相关植物志。如果你发现了一个模式标定，不要停下来，直至你已经核查了所有可能的出版物。可能还有更早的模式标定。记住，与适用于名称一样，优先权也适用于模式标定，因此，必须遵循最早的模式标定。最后，在彻底搜索文献后，如果一无所获，你可以继续下一步，并且（可能）成为第一个对该名称进行后选模式标定的人。

对批注或贴有标签为"holotype"、"isotype"、"lectotype"等的标本室标本的模式地位持怀疑态度，例如，在线数据库JSTOR全球植物（https://plants.jstor.org/）中的模式。声称的模式状态未必正确，而且，一份标本可能是另一种类别的模式（见第61~63页模式的类型），或为未引用的原始材料。你应始终核对该名称的原白以及任何引用为该名称的模式标定的出版物。也请牢记，后选模式、新模式和附加模式必须通过有效发表（见第四章）来指定的，它不是通过批注标本馆标本来实现的。

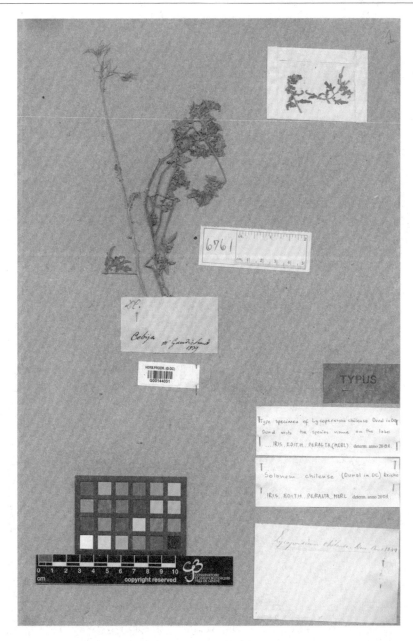

图13　*Lycopersicon chilense* Dunal的主模式：保存在G-DC的标本*Gaudichaud-Beaupré s.n.*（标本条形码G00144031）。*Lycopersicon chilenses*是*Solanum chilense* (Dunal) Reiche的基名（第48~49页图10），且两个名称因此为同模式异名。它们有相同的模式，并在事实上而不是在分类学观点上应用于同一分类群。这也表明模式标本不必是高质量的标本。日内瓦市博物馆暨植物园许可复制。

图14 *Lycopersicon bipinnatifidum* Phil.的后选模式：SGO标本馆中的标本*Rahmer s.n.*（标本登记号042822，条形码GO000004414），显示较*L. puberulum* Phil.（第59页图15）具更复杂分裂的更长叶片。*Lycopersicon bipinnatifidum*是*L. chilense* Dunal（第57页图13）和*L. puberulum*二者的异模式异名。这三个名称拥有看起来非常不同的模式标本，且最初应用于不同的物种。尽管存在这些差异，但在分类学观点上，它们现在被认为属于同一个多变的物种。智利国家历史自然博物馆许可复制。

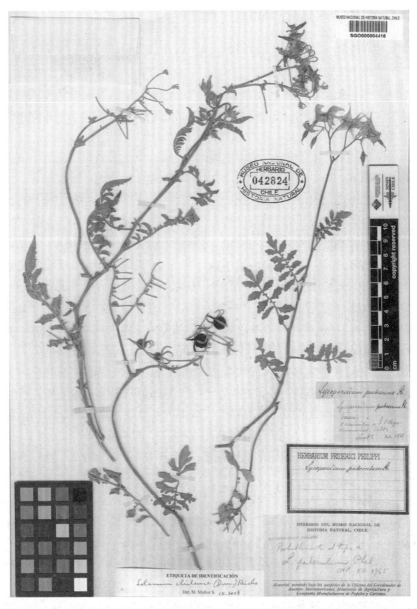

图15 *Lycopersicon puberulum* Phil.的后选模式：SGO标本馆中的标本*Philippi s.n.*（标本登记号042824，条形码SGO000004416），显示具较*L. bipinnatifidum* Phil.（第58页图14）而言不那么复杂的更短的叶。*Lycopersicon puberulum*是*L. chilense* Dunal（第57页图13）和*L. bipinnatifidum*二者的异模式异名。这三个名称拥有看起来非常不同的模式标本，且最初应用于不同的物种。尽管存在这些差异，但在分类学观点上，它们现在被认为属于同一个多变的物种。智利国家历史自然博物馆许可复制。

模式的基本规则

正如在合格发表（第五章）中所述，自1958年1月1日起，当发表一个属或以下等级的新分类群的名称时，有必要指明模式，通常是指定为如此，否则，该名称不是合格发表的（条款40.1）。1958年以前发表的无模式的名称可以是合格发表的，而且后来可以给它们指定一个模式。指明或指定名称的模式就是模式标定该名称。一个模式标定的名称有一个模式。

一个种或种下分类群的名称的主模式、后选模式或新模式既可以是保存在单一标本馆的单一一份标本，也可以是一幅图示（条款8.1），然而，对于化石分类群来说它通常是一份标本（条款8.5）。一个发表在2007年1月1日前的新分类群（非化石）的名称的主模式可以是一份标本或一幅图示；当此类名称在那一天或之后发表时，主模式必须是一份标本（条款40.4），然而，如果保存有困难或不可能时，图示允许作为微型藻类和微型菌物的主模式（条款40.5；见第105页和第109页）。注意，有关图示为模式的这个禁令仅适用于发表在2007年1月1日或之后的新分类群的名称的主模式。它不适用于根据条款9为已合格发表的名称指定一个后选模式、新模式或附加模式。它也不适用于新组合、新等级名称或替代名称。

新组合、新等级名称或替代名称是由其基名或被替代异名的模式自动模式标定的（条款7.3和7.4），例如，*Picea abies* (L.) H. Karst.与其基名*Pinus abies* L.有相同的模式；*Cedrus libani* A. Rich.与其被替代异名*Pinus cedrus* L.有相同的模式。自动名的模式是其源自的名称的模式（条款7.7），例如，*Poa* L. subg. *Poa*与*Poa* L.有相同的模式；*P. trivialis* L. subsp. *trivialis*与*P. trivialis* L.有相同的模式。

属或属内次级区分的名称的模式几乎在所有情况下是一个种的名称的模式（条款10.1），例如*Poa* L.的模式是*P. pratensis* L.的模式；*P.* subg. *Arctopoa* (Griseb.) Probatova 的模式是*P. eminens* C. Presl的模式。就模式指定或引用而言，单独引用种名就足够，而不是其模式标本或模式图示，例如，*Poa*的模式可以仅引用为*P. pratensis* L.而不是标本*Tzvelev N-257*（BM）。

科或科内次级区分的模式由其所构自的属名的模式自动模式标定（条款10.6）。因而，*Poaceae*的模式是*Poa*的模式，即*P. pratensis*的模式，也就是标本*Tzvelev N-257*（BM）。特别允许的长期使用的描述性科名由相应的互用名称的模式来模式标定，如*Gramineae*与*Poaceae*有相同的模式。就模式指定或引用而言，单独引用属名即足够。

这并不意味着一个属的名称的模式是一个种，或一个科的名称的模式一个属，那将是过度简单化了，因此，尽管有时使用术语"模式种"和"模式属"，但这是不正确的，而且应该避免。

注意，除了构自于属名的那些名称（如 *Magnoliophyta*）是由与该属名模式相同的模式来模式标定外，模式标定的原则不适用于科级以上（条款10.10）。

一份标本定义为单一种或种下分类群的一个采集或其部分。忽略混杂物，例如，环境样品中的与微型藻类或菌物混杂一起不能分离的苔藓植物、附生植物或其基质植物、寄生植物或其寄主。一个采集定义为由同一采集人在同一时间自单一地点制作的假定为单一分类群的采集物（而且，单独的采集编号未必指示不同的采集）。为了有资格作为模式，一份标本必须永久保存，且不能是活的有机体或培养物，然而，菌物和藻类可以是保存在代谢不活跃状态的培养物。一份标本可以由单一有机体或其部分，或多个有机体组成。一份标本通常装订在单一的标本馆台纸上或一个诸如盒子、小包、罐子或显微载玻片的等同制品中；它可以装订在多于一张台纸或一个载玻片上，只要这些部分清楚地表明属于一份标本，或通常拥有共同的原始标签（例如在日内瓦标本馆的标本封皮），否则，不同部分是属于同一采集的复份标本。也有可能将属于不同采集的两份或多份标本装订在单一的标本馆台纸上，并相应地贴有标签（例如，BM中许多19世纪的标本）。采集、标本和复份的定义在条款8.2、8.3及其脚注以及条款8.4中。

模式的类型

《法规》定义了多个不同类型的模式，均属于种或种下分类群的名称。还定义了可能包括部分这些类型的模式的原始材料。这些术语定义如下：

- **主模式**〔holotype〕（条款9.1）是作者指定为命名模式或在未指明模式时作者使用的一份标本（第57页图13）或一幅图示。只要它存在，就固定了所涉及名称的应用。
- **等模式**〔isotype〕（条款9.5）是主模式的任一复份，且通常是一份标本。如果主模式是一幅图示，则不能有任何等模式。
- **合模式**〔syntype〕（条款9.6）通常也是一份标本。它是没有主模式时在原白中引用的任一标本，或者是在原白中同时指定为模式的两份或多份标本中的任意一份。引用一个采集或一个采集的部分被认为是对所包括的标本的引用，因此这些标本是合模式。

● **等合模式**〔isosyntype〕（条款9.4脚注）是合模式的复份。
● **副模式**〔paratype〕（条款9.7）是在原白中引用的既不是主模式也不是等模式、还不是合模式（如果在原白中两份或多份标本同时指定为模式时）之一的任一标本。注意，并没有"等副模式"这样的术语来表示副模式的复份。
● **原始材料**（条款9.4）被《法规》定义为一个名称的主模式、等模式、合模式、等合模式和副模式（作者见过或未见过），作为原白部分发表的图示，以及作者与该分类群相关联且不晚于作者准备合格化描述或特征集要时可用的任何其他的标本以及发表或未发表的图示。因而，未引用的标本和未引用的图示有可能是原始材料的一部分。
● **后选模式**〔lectotype〕（条款9.3）是当名称发表时没有模式，或主模式已遗失或损毁时，或发现模式属于不止一个分类群时，从原始材料中指定为命名模式的一份标本（第58、59和67页图14、15和17）或一幅图示（第68页图18）。
● **等后选模式**〔isolectotype〕（条款9.4脚注）是后选模式的复份。
● **新模式**〔neotype〕（条款9.8）是当原始材料不在存在或在其失踪时，选择用作命名模式的一份标本或一幅图示。
● **等新模式**〔isoneotype〕（条款9.4脚注）是新模式的复份。
● **附加模式**〔epitype〕（条款9.9）是指当主模式、后选模式或之前指定的新模式，或与一个合格发表的名称相关联的所有原始材料证明是模棱两可，且就分类群名称的准确应用而言不能被准确鉴定时，选择用来作为解释性模式的一份标本或一幅图示。附加模式的概念是在《东京法规》中新引入至《法规》的（Greuter & al., 1994）。
● **等附加模式**〔isoepitype〕（条款9.4脚注）是附加模式的复份。

　　如果主模式、等模式、合模式、副模式、后选模式、新模式或附加模式等术语之一使用不正确，即用在一个不同于《法规》定义的意义上，该用法处理为可更正的错误（条款9.10）。例如，如果一份标本在其不是原始材料的部分时被指定为"后选模式"，而且，事实上也不存在原始材料时，错误使用的术语"后选模式"可更正为"新模式"。如果指定"副模式"时具有它支撑一个模糊不清的后选模式的陈述，那么，术语"副模式"可更正为"附加模式"。根据条款9.10的更正并不需要单独发表，也不影响最初模式指定的日期，但该最初的指定必须满足对相关类型模式的规则。例如，当2001年1月1日或之后发表的模式指定中使用的术语应被更正为"后选模式"、"新模式"或"附加模式"时，该指定必须包括短语"designated here"或其等同语（条款7.11）。当一个新分类群的名称的原白中使用的术语应被更正为"holotype"时，要记住，如果未使用单词"*typus*"或"*holotypus*"指明模式，发表于1990年1月1日或之后的此类名称是不合格发表的（条款40.6）。一个名称必须被合格发表，根据《法规》才有地位，且因此有一个模式；如果它不是合格发表的，因为没有什么要更正，条款9.10不适用。

你可能遇到的其他术语是："共模式〔cotype〕"，表示合模式（或有时指等模式或副模式）的过时术语；"图模式〔iconotype〕"，表示主模式图示或"摹模式〔typotype〕"的非正式术语，后者也是一个非正式术语，用于绘制模式图示所基于的标本，且模式标定该名称的作者未见过它；"产地模式〔topotype〕"，表示采自原始模式产地的标本的非正式术语；以及，"盗模式〔kleptotype〕"，表示不应处于所在地的模式或模式碎片（因为故意偷走、借而不还，等等）的非正式术语。

副后选模式〔paralectotype〕是《国际动物命名法规》中的一个正式术语（条款73.2.2），用于那些在指定后选模式前是合模式的标本；副后选模式不再是合模式，不再有载名功能，而且如果后选模式遗失或损毁也并不恢复合模式的地位。该术语在藻类、菌物和植物的命名法中有时非正式地用于相同意义上，即用于指定后选模式后剩余的合模式；但是，根据《法规》，这些合模式变成等后选模式（如它们属于与后选模式相同的采集），或仍然是合模式（如果它们属于不同的采集）。如果后选模式遗失或损毁，等后选模式或剩余的合模式有资格作为替代后选模式。

历史背景

在1958年1月1日或之后发表的一个种或以下等级的新分类群的名称的原白中，通常会有一个单一的成分（通常是一份标本）被明确指定为模式，即主模式。然而，该日期之前发表的名称可以指定多于一份标本为模式（即合模式），或引用多于一份标本但无一被指定为模式（同样，这些是合模式），或根本未引用标本（第27页图5）。在最后一种情况下，名称可能缺乏如上定义的任何类型的模式（第61~62页），但是，它很可能有原始材料，包括未引用的标本和引用或未引用的图示。在所有这些情形下，不存在主模式，名称可以通过指定一个后选模式或允许时的新模式而模式标定。

对于18世纪的作者来说，常见的做法是给出原产地的陈述，如"*Habitat in India orientali*"（它产于东印度），而不太常见的是引用一个采集人或给出与实际标本或采集有关的更多细节。单独的原产地陈述并不构成一份标本或一个采集的引用；需要具体的证据，如采集人姓名、采集号或采集日期（见条款40注释1）。对于未引用标本或采集（即无合模式）的名称，非常重要的是知道作者的标本馆和模式现在位于何处（使用*Taxonomic literature*, ed. 2〔《分类学文献（第2版）》〕，或"TL-2"；见第146页和第149页），并查找可能提供潜在后选模式的原始材料，即未引用的标本，它是或者可能是作者在该名称发表前就已拥有，并且具有该作者将该标本与该名称相联系的注释（第67页图17）。我强烈推荐*Order out of chaos*〔《由乱至序》〕（Jarvis，2007）作为模式标定林奈名称的权威指南。其中描述的方法常常与其他18世纪或19世纪早期作者发表的名称的模式标定有关。

在19世纪，作者经常在原白中引用采集人的姓名（第28页图6），通常有采集编号，但很少指明标本馆。这应视为是由数量不确定的标本组成的采集，除非有证据表明引用的是单一标本。查阅实际标本，检查它们的注释和特征，通常有助于确定作者使用和引用了哪些标本。要记住，自从作者使用以来，这些标本可能已经遗失、损毁或转移到其他植物标本馆。它们甚至可能被作者丢弃或送人（例如，林奈就是这么做的；见Jarvis，2007: 170）。

在20世纪，随着标本被明确指定为模式，引用标本变得越来越详尽和精确。请记住，虽然模式的概念可以追溯到19世纪下半叶，但是，直到1930年在剑桥举行的第五届国际植物学大会才被国际上正式接受。在条款40.1中，1958年开始，要求给一个属或以下等级的新分类群的名称指明模式，这反映出那时指明模式已成为一种普遍做法。当明确指明模式时，必须使用单词"*typus*"、"*holotypus*"或其现代语言中的等同词（或其缩写，如"holo."），并且必须指明保存模式的单一标本馆，规则对于1990年1月1日或之后发表的名称更加严格。

无论名称的发表日期如何，如果使用该单词或其等同语明确指定在指明标本馆中的单一标本为模式，则这是主模式，即"一份标本……被作者指明为命名模式"（条款9.1）。然而，对于发表在1990年前的名称，是否存在主模式，以及，如果存在，它存于哪个标本馆，这通常是不确定的。McNeill（2014）概述了识别主模式的规则，并提出了最佳做法的建议。

模式标定流程

如果一个名称从来没有主模式，或如果主模式已被遗失或损毁，或如果主模式被发现由多于一个分类群组成，可指定一个后选模式（条款9.11）。如果之前指定的后选模式已遗失或损毁或发现有多于一个分类群组成，这同样适用。

后选模式标定、新模式标定或附加模式标定通过有效发表来实现（条款7.10），并且，必须遵从第一个按照规则指定后选模式、新模式或附加模式的作者（条款9.19和条款9.20）。模式必须明确被该作者接受如此，且它必须通过直接引用包含单词"type"或等同语而清楚地指明（条款7.11）。

在后选模式指定时，《法规》要求一个严格的程序（条款9.12）。图16（第65页）中的流程图可以很好地表达这一点。

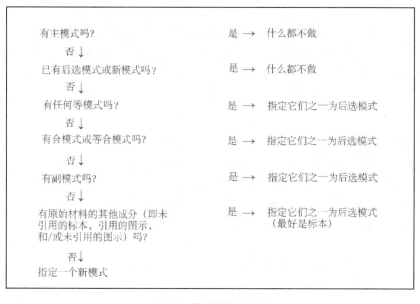

图16　模式标定流程图

如果一个名称没有现存的原始材料，可以指定一个新模式（条款9.13）。如果存在任何原始材料，不能指定新模式，但两种特殊情况除外。第一种是根据条款9.16，即为了保持由已遗失或损毁的主模式或后选模式所建立用法，当所有其他原始材料在分类上不同于已损毁的模式时。第二种是根据条款9.19c，即在没有其他不与原白严重冲突的原始材料存在时，为取代一个与原白严重冲突的后选模式。

当指定为模式的材料（主模式、后选模式或新模式）被发现属于不止一个分类群时，它实际上不是一份标本；标本被定义（条款8.2）为是"单一种或种下分类群的"。在这种情况下，该名称必须保持依附于符合标本定义并与原始描述或特征集要最接近的部分（条款9.14）。这是通过指定合适部分为后选模式，或如果无原始材料时指定新模式来实现（条款9.11）。

　　如果一个名称的模式或有资格为后选模式的所有成分在分类上是有歧义的，那么，可以指定一个附加模式来帮助解释该模式（条款9.9）。例如，一份主模式标本可能只不过是一根可怜的保存了200年且DNA已降解的光秃秃的枝条；或者，唯一可能的后选模式有可能是一幅过分简化的17世纪木刻图示。当指定一个附加模式时，也必须明确引用支撑的主模式、后选模式或新模式（条款9.9）。

　　有时会发现可用作后选模式的唯一成分（或所有成分）与名称的当前用法冲突。没有分类学上的歧义，所以，附加模式也无济于事。在这种情况下，你可以通过绕过后选模式标定并提议保留一个模式而保留该名称来保持命名的稳定性（见第八章）。

　　有一些生效于特定日期的额外要求。当于1990年1月1日或之后指定后选模式、新模式或附加模式时，必须指明材料保存的标本馆、收藏处或研究机构（条款9.21和9.22）。这同样适用于一幅未发表的图示（条款9.22）。当指定的附加模式是一幅已发表的图示时，必须提供对该图示直接且完整的参考文献引证（如条款41.5中所定义的）（条款9.21）。而且，2001年1月1日或之后，模式指定必须包括单词"*lectotypus*"、"*neotypus*"或"*epitypus*"，或其缩写（如lecto.、LT.、neo.、NT.、epi.）或其在现代语言中的等同语（如lectotype、lectotipo）（条款9.23），并且必须包括短语"designated here"或其等同语（条款7.11）。见图19和图20（第69~70页）。

　　请注意，许多2001年以前的后选模式标定和新模式标定（往往是无意的）存在于文献中。一个作者只要写一个像"Type: *Smith 123* (K)"的短语，如果一份标本*Smith 123*存在于邱园标本馆中，并且有资格作为后选模式或新模式，那么这个名称就被如此模式标定了。今天则有必要写"Lectotype designated here: *Smith 123* (K)"。

图17 *Zea mays* L.的后选模式：标本号1096.1，存放于伦敦林奈学会（LINN）的林奈标本馆（Herb. Linn.）。注意，茎基部的右侧是林奈手写的注释："1"是*Species plantarum*〔植物种志〕中的物种编号，而"*Mays*"是林奈的普通名〔*nomen triviale*〕（即种加词）；它们表明林奈在准备原白时使用了这份标本，因此，它是原始材料。在Iltis & Doebley（1980: 1001）发表在*American Journal of Botany*〔《美国植物学报》〕第60卷中的一篇文章中，它被指定为后选模式。伦敦林奈学会许可复制（https://www.linnean.org/）。

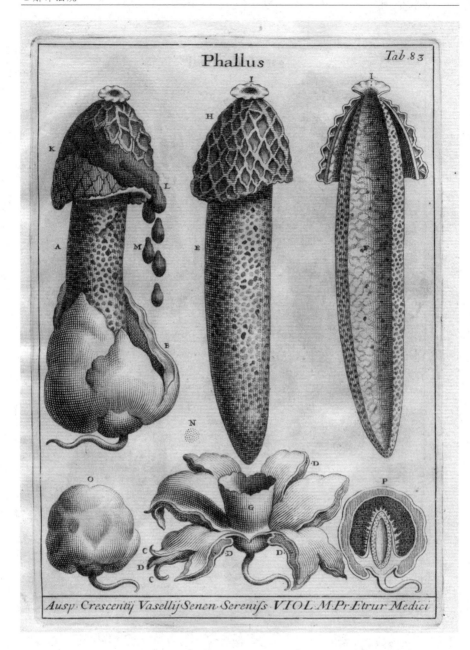

图18 *Phallus impudicus* L.的后选模式图示：tabula 83 in Micheli's *Nova plantarum genera*（Micheli，1729: t. 83）。在Jarvis & al.（1993: 75）的*A list of Linnaean generic names and their types*〔《林奈的属名及其模式目录》〕一书中，它被Greuter & Kuyper指定为后选模式。*P. impudicus*的原白见图5（第27页）。

2. *Merianthera burlemarxii* Wurdack in Phytologia 55: 133–134. 1984 – Type: BRAZIL. Espírito Santo: Colatina, Rio Doce, Vila Pancas. Collected in Gardens of Roberto Burle Marx, Rio de Janeiro, 24 Sep 1983, *P.C. Hutchison 8472* (lectotype, designated here: US). — Figure 6H–L.
Discussion. – This species shows a lot of variation in leaf pubescence and flower dimensions. However, the poor sample currently available and also the presence of some intermediate specimens does not allow us to split it into intraspecific taxa or even into different species. Further studies and more intensive collections of this species are needed, as well as an

图19 Goldenberg & al.（2012: 1047）在期刊*Taxon*第61卷的一篇文章中对*Merianthera burlemarxii* Wurdack的后选模式标定。*Ulva longissima* Gunnerus和*U. maxima* Gunnerus的后选模式标定和附加模式标定在同一卷中Jørgensen（2012: 1094）的另一篇文章中。国际植物分类学会许可复制。模式标定的组成如下：

- 按照条款9.23的要求，使用单词"lectotype"和"epitype"。
- 按照条款7.11的要求，使用短语"designated here"。
- 分别按照条款9.22和9.21的要求，指明后选模式和附加模式标本保存的标本馆（US，TRH）。

Butyriboletus fechtneri (Velen.) D. Arora & J.L. Frank, Mycologia 106(3): 466, 2014   Figs. 11–24

≡ *Boletus fechtneri* Velen., České houby 4–5: 704, 1922 [basionym]
= *Boletus appendiculatus* subsp. *pallescens* Konrad, Bull. Soc. mycol. Fr. 44: 73, 1929

Holotype. None designated.
Other original material. Czech Republic, Central Bohemia, Bohemian Karst, Roblín, 1921, leg. F. Fechtner, det. J. Velenovský, preserved in the Department of Botany of Charles University, Prague (PRC 3981). One young fruitbody stored in a glass cylinder filled with preserving liquid (Figs. 12–13), the note "p. 704" refers directly to this page in Velenovský's České houby.
Lectotype (designated here, MycoBank MBT 381727). Czech Republic, Central Bohemia, Bohemian Karst, Roblín, 1921, leg. F. Fechtner, det. J. Velenovský (PRC 3981) – see above.
Epitype (designated here, MycoBank MBT 381728). Czech Republic, Central Bohemia, Bohemian Karst, Srbsko, Karlštejn National Nature Reserve, Boubová hill, 340 m a.s.l., under *Quercus*, *Carpinus* and *Tilia*, 8 Aug. 2010, leg. & det. V. Janda. Epitype deposited in Mycological Department of the National Museum, Prague (PRM 923468), sequence KJ419929 (ITS rDNA, LSU rDNA) deposited in NCBI GenBank (for more details, see Šutara et al. 2014). Isoepitype deposited in the Moravian Museum, Brno (BRNM 805388). Colour photos: Fig. 14 and in Šutara et al. (2014), p. 27, fig. 22. We selected as an epitype herbarium material collected in a characteristic habitat of the Bohemian Karst, thermophilic deciduous forest on calcareous bedrock, which was cited by Velenovský in his original description (see below). Both the site of the collection and the morphological characters of the selected material fit the protologue.

图20 在期刊*Czech Mycology*〔《捷克菌物学》〕第71卷中Janda & al.（2019: 16）的一篇文章中对*Boletus fechtneri* Velen.的后选模式标定和附加模式标定。*Boletus fechtneri*

(Velenovský, 1922: 704~705)的原白中未引用标本，但有未引用的原始材料（条款9.4a），即，由František Fechtner于1921年采集且由Velenovský鉴定的一份标本，是后选模式的唯一可用的选择。捷克菌物科学学会许可复制。模式标定的组成如下：

- 按照条款9.23的要求，使用单词"lectotype"和"epitype"。
- 按照条款7.11的要求，使用短语"designated here"。
- 分别按照条款9.22和条款9.21的要求，指明后选模式和附加模式标本保存的标本馆（PRC，PRM）。
- 按照条款F.5.4对2019年之后在指定模式时对菌物名称的要求，引用由认可的存储库MycoBank颁发给后选模式标定和附加模式标定的标识码（"MBT 381727"、"MBT 381728"）。
- 引用在标本馆BRNM中的一份等附加模式。
- 标本馆代码PRC、PRM和BRNM后跟随识别该标本的编号（见辅则9C.1）。
- 解释后选模式在哪方面是有歧义的以至于需要附加模式标定的陈述（Janda & al., 2019: 20）（辅则9B.2）：缺乏该物种典型的颜色；缺乏成熟孢子；保存液中的甲醛阻碍了DNA的提取。
- 选择的附加模式标本，具有与原白中所提到的相似产地、生境和形态细节。
- 因为*Butyriboletus fechtneri* (Velen.) D. Arora & J.L. Frank与其基名*Boletus fechtneri*有相同的模式（条款7.3），两个名称自此均被后选模式标定和附加模式标定。
- *Boletus appendiculatus* subsp. *pallescens* Konrad是一个异模式异名，但是，在此未被模式标定。

第一步和第二步模式标定

当发现先前指定的后选模式、新模式或附加模式涉及单一采集，但涉及不止一份标本时，可行使第二步模式标定。在这种情况下，接受第一步的后选模式标定、新模式标定或附加模式标定，但是通过第二步后选模式标定、新模式标定或附加模式标定将该选择进一步缩小至单一一份标本（条款9.17）。

取代一个后选模式或新模式

在大多数情况下，必须遵从第一个按照规则指定后选模式、新模式或附加模式的作者（条款9.19和9.20）。只有在后选模式或附加模式遗失或损毁时才可指定一个不同的模式（条款9.11和9.20）。此外，如果其支撑的模式遗失或损毁，一个附加模式自动终止为附加模式（条款9注释8）。在特殊情形下，现存的后选模式或新模式有可能被取代。

后选模式的选择应废弃，如果：

● 主模式被重新发现（条款 9.19a）；

以及，它可以被取代，如果：

● 指定的后选模式违反条款9.14，即，它被指定来代替一个分类学上混杂的主模式或后选模式，但不是最符合原始描述或特征集要的部分；在此情形下，取代的后选模式必须是最符合的那部分；

● 后选模式与原白严重冲突，且有另一个不与原白冲突的原始材料成分可用作为取代的后选模式；如果没有这样的成分可用，新模式可以取代后选模式（条款9.19c）。注意，原白中引用的成分是原白的一部分，且因此不与其冲突；因此这条规则仅适用于未引用的标本或未引用的图示（条款9注释7）。

一个新模式应废弃，如果：

● 任何原始材料（包括主模式或之前指定的后选模式）被重新发现（条款9.19a）；

以及，它可能被取代，如果：

● 新模式的指定违反条款9.14，即，它被指定来代替一个分类学上混杂的新模式，但不是最符合原始描述或特征集要的那部分；在此情形下，取代的新模式必须是最符合的那部分；

● 新模式与原白严重冲突，且有另一个不与原白冲突的成分可用于取代的新模式（条款9.19c）；

● 新模式在分类学上不同于它被取代的主模式或后选模式，当主模式或后选模式遗失或损毁时，并且表明其他所有原始材料在分类学上不同于已遗失或损毁的模式时（条款9.16和9.18）；

● 不可取代附加模式的选择，但是，如果附加模式在分类学上不同于其支撑的后选模式或新模式，并且，该后选模式或新模式不能如上所述那样被取代时，可提议用一个保留模式来保留该名称（条款9.20；见第八章）。同样，一个名称如果其后选模式或新模式与该名称的现有用法冲突且不能被取代时，可提议用一个保留模式来保留。

属或属内次级区分的名称

指定后选模式或新模式的规则也扩展至属或属内次级区分的名称，并可在条款10中找到。通过类推种或种下分类群的名称的模式标定，术语"主模式"、"合模式"、"后选模式"和"新模式"经常在这种情况下使用，尽管严格地说，这些术语不适用于种以上等级的名称。例如，如果一个新属的名称发表时包括两个或多个种（"合模式"），且在原白中没有指定属名的"主模式"（它必须是1958年前的名称才能是合格发表的；见条款40.1），根据条款10.2，这些种名中的一个后来可指定为"后选模式"。如果一个新属的名称发表时不包括种名，或者更准确地说，没有明确包括任何合格发表的种名的模式（见条款10.3），则必须选择一个模式，即后来同样可以根据条款10.2指定一个种名为"新模式"。属名的模式实际上是该种名的模式，但是，正如之前提及的，就指定或引用模式而言，单独的种名即足够（条款10.1）。

一个属名的模式可以是一份标本或一幅图示而不是一个合格发表的种名的模式的唯一情况是，属名以一个保留模式而保留（条款10.4；见条款14.9）。例如，*Pseudolarix* Gordon的保留模式（见附录III）是"[specimen] cult. in Anglia, ex Herb. George Gordon (K barcode K000287582)"，它是一份可归于*P. amabilis* (J. Nelson) Rehder的标本，但不是该种名的模式。

在某些情况下，一个属内次级区分的名称的模式标定是自动的，即，当该加词相同于或源自在原白中所包含种名之一的加词时（条款10.8）。例如，*Euphorbia* subg. *Esula* Pers.的模式是*E. esula* L.。然而，原始作者指定的不同模式优先于这一自动模式标定。

与种或种下分类群的名称的后选模式标定和新模式标定一样，必须遵从第一个按照规则指定属或属内区分的模式的作者（条款10.5）。然而，如果一个"新模式"与任何与原白相关的材料不是同种时，它可能将被一些至少与原白相关联的材料为同种的模式取代（条款10.2最后一句）。

如果它是基于很大程度上机械的选择方法，一个属或属内次级区分的名称的模式选择也可被取代（条款10.5）。它将被一个未使用这一方法的后来的不同选择取代，除非在此期间，最初的选择被确认，被一个不使用这样的方法的出版物接受。短语"很大程度上机械的选择方法"在之前的各版《法规》中未被恰当定义，但是，现在的《深圳法规》包括了详细的准则（条款10.6和条款10.7），使你能够确定一个出版物是否使用这样一种选择模式的方法。这就是那些遵守所谓的"费城法规"（Arthur & al., 1904）或《美国植物命名法规》（Arthur & al., 1907）的出版物。

指定模式的最佳做法

这些建议中的部分是基于《法规》的辅则（见辅则7A~10A和40A）。

● 你是否真正需要指定一个模式？指定一个模式通常是不重要的。一个名称可能具有与该名称的当前用法一致的所有适当标本的合模式；它们或许是来自一个单一采集的复份。这样的合模式在确定名称的应用上起着模式的预期目的。在这种情况下，将这些模式中的一个指定为后选模式，很少或没有实践价值或科学意义。写一篇论章专门发表这样一个模式标定通常是不合理的，而包含在一部专著中倒是合适的。

● 避免多余的模式指定。在模式标定一个名称前，努力搜索相关文献（修订、专著、植物志），以防已作出模式标定。你可能永远无法确信你未错过已有的指定，但是，至少核查最有可能的出版物是明智之举。

● 谨慎选择模式。选择后选模式、新模式或附加模式应以维持命名稳定性的方式进行。请注意，单一采集的复份标本可能在质量上差异很大，且未必都属于同一个分类群（存在混杂采集！），所以不要对你未见过的复份标本做出任何假设，当然也不要将一份未见过的标本指定为模式。应该在充分理解所涉及类群的分类时选择模式，并且应该符合该名称的当前用法。粗心的模式标定可能导致在名称应用上的破坏性变化，通常只有通过保留才能纠正（见第八章）。

● 避免图示为模式。当标本可用时，指定一幅图示为后选模式、新模式或附加模式通常是不可取的。一般来说，一份模式标本在准确固定名称应用方面远好于一幅模式图示。从一份标本上，可获取更多信息，而且，有时可提取DNA。一个例外可能是，标本和插图都有资格为后选模式，且标本与名称的现有用法不一致（它不属于该名称通常应用的分类群），但图示符合（至少不是不一致）。在这种情况下，指定该图示为模式将更好地维持命名稳定性，而且，如果它明显是有歧义的，也可通过指定一个附加模式标本来支撑它。

● 使你的模式标定显而易见。当指定一个后选模式、新模式或附加模式时，要求你使用单词"*lectotypus*"、"*neotypus*"或"*epitypus*"，或其缩写或其在现代语言中的等同语，并使用短语"designated here"（*hic designatus*）或等同语。为了使最广泛的国际受众清楚地看到你的模式标定，使用一个拉丁文单词或一个使用拉丁文字母并与拉丁语同源的现代语言中的等同词，例如"lectotype désigné ici"（法文）或"epitipo designado aquí"（西班牙文）。

● 清楚地指明标本馆。当指定一份标本为后选模式、新模式或附加模式时，要求你指明其保存的标本馆、收藏处或研究机构。国际上应该很容易理解的标准方法是引用标本馆索引（http://sweetgum.nybg.org/science/ih/）中给出的标本馆代码，例如，LINN代表伦敦林奈学会〔the Linnean Society of London〕。

● 指定一个后选模式、新模式或附加模式时，毫不含糊地引证单——份标本（见条款8.2和8.3），例如，引用永久识别该标本的标本馆条形码或其他编号。如果你未发现而有人后来发现引用的采集在指明的标本馆中存在2份或多份标本时，你的模式标定可通过第二步模式指定限制为其中的一份标本（见第70页）。

● 清楚地注释后选模式、新模式或附加模式为如此，至少标注有其模式标定的名称和在附加模式情形下其所支撑的模式，以及你的姓名，并确保它在你模式指定时指明的标本馆中可供查看。

第八章　保留、保护、废弃、禁止著作和约束性决定

本章描述了在严格遵守优先权原则（条款11），或同名规则（第53条），或在其模式意义上应用名称（条款7）时会导致破坏和（或）混淆的特殊情况下，为维持命名稳定性而设计的各种规则。简而言之，保留或保护允许将一个不正确或不合法的名称用作正确或合法的名称，或者可以更改一个名称的模式，而废弃阻止一个名称的使用，以及禁止一部著作则阻止了该著作中名称的使用。此外，一个约束性决定规定了一个名称是否被合格发表，或者名称是否被处理为同名。

保　　留

保留根据《法规》的条款14处理。根据条款14.1，一个保留名称是合法的，即使它在发表时可能是不合法的。保留科、属和种的等级上的名称都有可能；此外，当它是一个属名或种名的基名，如不保留就不能继续用在当前意义上时，可保留一个属内次级区分或种下分类群的名称。保留名称列于《法规》的附录中：附录IIA和IIB为科的名称，附录III为属和属的次级区分的名称，以及附录IV为种和种下分类群的名称。一个保留名称可以用缩写"nom. cons."来表示如此（辅则50E.1），它代表拉丁文*nomen conservandum*，意思是"被保护的名称"，例如*Malvaceae* Juss., nom. cons.、*Bambusa* Schreb., nom. cons., *Galactites tomentosus* Monch, nom. cons.。

任何等级上的保留名称针对早出同名保留（条款14.10），无论这些保留针对的对象（即废弃的）是否在相应的附录中与保留名称一并列出。例如*Ipomoea discolor* (Kunth) G. Don 1837–1838是针对*I. discolor* Jacq. 1798保留的，后一名称在附录IV中与前者一并列出；*Blumea* DC. 1833针对*Blumea* Rchb. 1828–1829保留，即使后一名称在附录III中未与前者一并列出。保留并不使早

出名称变为不合法；尽管不可使用，但它可以用作基名。

一个科或属的保留名称针对相同等级上所有基于相同模式（同模式异名）的其他名称保留，无论该废弃名称是否在相应附录中与该保留名称一并列出（条款14.4）。该保留名称也针对在附录IIA或IIB该条目下列出为废弃的那些基于不同模式（异模式异名）的名称。例如，*Corydalis* DC. 1805在附录III中列为保留，针对早出同名*Corydalis* Medik. 1789、早出同模式异名*Pistolochia* Bernh. 1800和三个早出异模式异名：*Capnoides* Mill. 1754、*Cysticapnos* Mill. 1754和*Pseudo-fumaria* Medik. 1789。这五个保留针对的名称都为支持*Corydalis* DC.而均被废弃。然而，三个异模式异名并不是在所有情况下均被废弃；如果它们被认为适用于与*Corydalis* DC.不同的属时，它们中任何一个或全部可接受为正确名称（条款14.6）。

一个种的保留名称针对在附录VI该条目下列出为废弃的所有名称保留，也针对基于该废弃名称的所有组合保留（条款14.4）。例如*Cactus cruciformis* Vell. 1829针对较早的同模式异名*Cereus squamulosus* Salm-Dyck ex DC. 1828和三个异模式异名*Cereus tenuispinus* Haw. 1827, *C. myosurus* Salm-Dyck ex DC. 1828和*C. tenuis* DC. 1828而保留。这四个保留针对的名称为支持*Cactus cruciformis*而均被废弃。这同样适用于基于它们的所有组合。然而，根据条款14.6，如果它们被认为是不同于*C. cruciformis*的物种，三个异模式名称中的任何一个或全部可以接受为正确名称。

当一个种名是针对一个基于较早名称的名称而保留时，该较早名称仍然可以使用，因为它未被列为废弃，且它不是基于一个废弃名称的组合。例如，*Lycopersicon esculentum* Mill. 1768针对*L. lycopersicum* (L.) H. Karst. 1882保留，后者基于*Solanum lycopersicum* L. 1753。这个保留并不禁止*S. lycopersicum*的使用或除*L. lycopersicum*外实际上基于它的任何名称。

一个名称可以保留具一个特定的模式（条款14.9）或保留一个特定的性或拼写（条款14.11）。当保留一个模式时，它可以不同于由《法规》确定的或由原始作者指定的那个模式。当一个现有模式或一个自动的模式（如，根据条款7.5规定的对根据条款52.1为不合法的名称），或可用于指定为模式的唯一成分与名称的当前用法冲突时，这是一个维护命名稳定性非常有用的工具。你也有一个优势，可以选择一份其复份广泛分发至数个标本馆的高质量的新近标本。尽管选择采自在原始模式地点附近的标本可能是有用的，但是，你没有义务通过选择与原始作者有关的成分来"表示敬意"。

当一个保留名称与一个或多个并非其明确针对的异模式异名（即，异名未作为废弃而列在附录的该条目下）竞争时，根据条款14.5，按照优先权规则，接受竞争名称中的最早者（条款11）。例如，*Mahonia* Nutt. 1818作为保留列在附录III中，但未明确针对任何名称。如果它与*Berberis* L. 1753合并，则合并的属以具有优先权的名称*Berberis*命名。条款14.5有一个例外：列在附录IIB中的保留科名针对所有未列出的名称保留。例如，*Combretaceae* R. Br. 1810被列在IIB，且因此针对未列出的较早的异模式名称*Terminaliaceae* J. St.-Hil. 1805保留。对于一个界定包括*Terminalia* L.和*Combretum* Loefl.的科，*Terminaliaceae*将较*Combretaceae*具优先权，如果后者未被保留。

列在附录IIB中的科名受到条款14.14进一步保护，它规定，引用的发表之处处理为在所有情形下都是正确的且因此不可更改，即使除此之外，这样的名称可能未被合格发表或是晚出等名。如果有人挖掘文献后发现附录IIB中的某个名称较早的合格发表之处，则附录中的当前条目将受到保护，即使它是一个根据《法规》是没有地位的晚出等名（条款6注释2）。

一个废弃名称（或一个基于废弃名称的组合）不可接受给包括相应保留名称的模式的分类群（条款14.7）。为阐明这一点，以*Enallagma* (Miers) Baill. 1888为例，它针对*Dendrosicus* Raf. 1838保留，但并未针对*Amphitecna* Miers 1868。如果三个名称均应用于同一个属（因此，该属包括全部三个模式），根据条款14.5，你可能预期该属应命名为*Dendrosicus*，因为它是最早的名称，但是，实际上是第二早的名称*Amphitecna*，因为*Dendrosicus*不能恢复给包括*Enallagma*的模式的属。没有这样的限制应用于*Amphitecna*，因为*Enallagma*并不针对它保留。

保留名称列表中的条目不可删除（条款14.13），但是，它们可以添加或修正（条款14.12）；修正包括变更列出的已保留的名称的模式或拼写（条款14.8）。

提议保留一个名称

为了保留一个名称，或为已保留名称修改现有条目，必须首先向总委员会提交一项提案（见第135~137页），并详细而简明地说明赞成和反对保留两方面的情况，量化该名称的与那些威胁它的名称相比有多广泛和多传统，并引用这种用法的例子。通过在国际植物分类学会的期刊*Taxon*上发表提交提案。有关准备提案的当前详细指南，请参见McNeill & al.（2018）。

然后，总委员会将把提案指派给相关的专家委员会：藻类命名委员会、苔藓植物命名委员会、化石命名委员会、菌物命名委员会或维管植物命名委员会。专家委员会对该提案进行讨论并表决。需要该委员会委员的合格多数

（60%）做出建议，即是保留该名称或不保留该名称。总结各专家委员会对提案的建议的报告发表在*Taxon*。

下一步是总委员会对专家委员会的建议进行考量和表决，同样需要其成员60%的多数来批准或推翻该建议。这个过程通常是简单明了，费时很少。然后，总委员会在*Taxon*发表其自己的报告。如果建议保留，则在报告发表后生效，不具有追溯效力（条款14.15），但它需下一届国际植物学大会的决议批准。该名称前面带有星号（*）出现在相关的附录（附录IIA、附录IIB、附录III或附录IV）中，星号在大会批准后删除。

总委员会报告中的建议由大会的命名法分会投票表决，通常在很少或没有辩论的情况下在一次表决中通过。在命名法分会，至少需要60%的多数才能驳回总委员会的一项或多项建议。直到1950年，保留和废弃名称的提案都是由大会直接投票决定的，这似乎更民主，但不允许有足够的时间对每一个有关的名称进行充分的辩论。1950年的斯德哥尔摩大会投票决定，将针对提案通常非常复杂的辩论委托给委员会，这些委员会将向未来的大会报告。

提案通过这一过程所需的时间主要是由一个专家委员会进行考虑，即从提案在*Taxon*发表到相关委员会的报告在*Taxon*发表。时间可以从几个月到数年不等。许多提案是没有争议的，委员会几乎一致赞成或反对，并迅速做出决定，但当意见相当，或出现复杂情况时，额外的多轮讨论和投票可能是必要的。

保　　护

保护是2011年墨尔本大会引入的一个新概念，允许提交的名称清单被处理为保留，但是，直到2017年的深圳大会扩大了保护范围时，也没有实际的保护名称。保护仅适用于处理为菌物的有机体的名称，并在第F章条款F.2中进行论述。这个概念本质上与保留相同，但不同之处在于，这些名称是在清单中提交的，每个受保护的名称被视为保留名称，针对任何竞争的已列出或未列出的异名或同名（包括认可名称；见第十一章）。在这方面，保护名称表现得类似于附录IIB中苔藓植物和种子植物的科的保留名称。该清单提交给总委员会，但发表在国际菌物学联盟的期刊*IMA Fungus*中。总委员会将清单指派给菌物命名委员会，由该委员会与总委员会和有关国际机构协商后建立的分委员会审查。表决和批准的程序与保留提案相同。保护名称出现在相关的保留名称附录（附录IIA、附录III或附录IV)中，以"(P)"表示，如果仍在等待大会的批准，则前面加星号（＊）。保护名称的清单可以通过同样的方式进行修订，而且，根据条款14的保留优先于根据条款F.2的保护。

废　　弃

《法规》还包含正式废弃任何导致不利的命名改变的（在任何等级上）名称的规定（条款56.1）。不需要针对这样一个废弃名称保留任何名称。它在任何情况下都是废弃的，不能使用；所有基于它的组合同样被废弃。这些名称被称为*nomina utique rejicienda*（在任何情况下都废弃的名称，禁止名称），并列在附录V中。一个禁止名称可以用缩写"nom. utique rej."或（遵循辅则50E.2）"nom. rej."指明为如此，例如，*Cacalia* L., nom. rej.、*Peziza* [unranked] *Phialea* Pers., nom. rej.、*Rosa eglanteria* L., nom. rej.、*Actaea spicata* var. *alba* L., nom. rej.。

尽管这样的一个废弃名称变为不可用，其晚出同名维持不合法（条款53注释2），因此，如果你想使一个晚出同名变为合法，你必须针对该早出同名保留它。

提议废弃一个名称的程序（条款56.2），以及它从委员会到大会的旅程，与保留相同。使用相同的指南（McNeill & al., 2018）。提交给*Taxon*的提案应量化与其威胁的名称相比，该名称的用法的广泛和传统的程度。如果被建议，废弃于总委员会报告发表时生效，不具追溯力（条款56.3），但是，需下一届国际植物学大会的决议批准。该名称前面加上星号（＊）出现在附录V中，星号在大会批准后删除。

对于处理为菌物的有机体的名称，也可以根据条款F.7为了废弃而提交名称的清单。该流程平行于根据条款F.2的保护的流程，且该清单是通过发表在*IMA Fungus*提交给总委员会。除了它们根据条款14通过保留而可变为有资格使用外，废弃名称根据条款56.1处理为废弃。尽管，到目前为止，还没有为废弃而提交名称的清单，它们可能会被列入附录V中。

请注意，即使没有提交保留或废弃一个名称的提案，根据条款57.1，《法规》也为已广泛和持久地用于一个或多个不包括其模式的分类群的名称提供保护。除非和直至根据条款14.1或条款56.1处理该名称的提案已提交并被否决，否则，这样的名称不应用于与目前用法相冲突的意义上。换句话说，如果一个名称已经有且仍有广泛、传统的用法用于一个特定的分类群，但是，实际上，其模式属于一个不同的分类群，那么，该名称的用法不能从传统意义上改变至其模式的意义上；如果不存在条款57.1，后者将是正确的做法。只有在保留或废弃该名称的提案被提交且后来被否决的情况下，才能出现这种用法上的变化，即总委员会建议不保留或不废弃该名称。

禁止著作

在极少数情况下，某一特定的出版物被发现含有如此多的破坏性名称，因此，建议根据条款34.1提议对整个出版物进行禁止要比根据条款56.1对每个破坏性名称单独提出废弃要简单得多。这种出版物被称为禁止著作，或 *opera utique oppressa*（任何情况下都被禁止的著作），并被列在附录I中。在禁止著作中，指定等级的分类群的名称是不合格发表的，例如，Gandoger（1883~1891）中的种的名称和Haller（1753）中所有等级的名称。如果它们与指定等级的名称相关联，禁止也使该著作中的任何命名行为无效（例如，后选模式标定；见条款34.1脚注）。禁止是具追溯力的，所以，好像这些著作一直是被禁止的。列在附录I中的大多数禁止著作都来自18世纪，尽管有一个是相对较晚，来自1990年代（Motyka, 1995~1996）。提议禁止一部著作的流程及其变为禁止和进入附录I的机制，本质上与保留和废弃相同，但是，如果该著作同时涵盖如藻类和植物，则可能不止一个专家委员会考量该提案。如果建议禁止，则在总委员会报告发表时生效，具追溯力（条款34.2），但需下一届国际植物学大会的决议批准。该著作以前面带有星号（＊）的形式出现在附录I中，星号在大会批准后删除。

约束性决定

在有疑问的情况下，约束性决定提供一个裁决。它是由国际植物学大会根据总委员会的建议做出的，而总委员会的建议又是基于一个专家委员会应个人的请求做出的建议。目前有两种约束性决定：关于就合格发表而言的描述性陈述的充分性的决定，以及关于将易混淆的相似名称处理为同名的决定。

一个描述性陈述是否满足新分类群的名称合格发表的要求

正如在第五章中解释的那样，为了被合格发表，一个新分类群的名称必须伴有一个描述或特征集要或引证一个之前有效发表的描述或特征集要（条款38.1a）。特征集要是一个分类群依该分类群作者的观点与其他分类群相区别的陈述（条款38.2）。如果作者认为它是特征集要，它可能仅提到一个特征，例如，"这个种与该属其他种不同在于白色的花"。确实，词语"依作者观点"意味着特征集要不一定是一项明显正确的陈述（继续举例，该属可能包括该作者未注意到的其他白色花的物种）。

另一方面，《法规》仅告诉我们什么不是描述，即，诸如纯美学特征、经济、药用或烹饪用途、文化意义、栽培技术、地理起源或地质年代等描述性特性（条款38.3）。一些名称发表时具极少的描述性陈述，如"乔木"、"多年生"、"高达2米"、"花白色"。它们被称为"*nomina subnuda*"（近裸名），且被有些人认为是合格发表的，而其他人则认为是不合格发表的。

当一个描述性陈述是否满足条款38.1a对描述或特征集要的要求有疑问时，一个约束性决议的请求可以提交给总委员会（条款38.4）。该请求发表在*Taxon*。无须像保留和废弃的提案那样提供赞成和反对两方面情况的详尽陈述，不过你可能希望随请求提交的任何说明可能对委员会有帮助。关于如何起草一个请求的指南，见McNeill & Wiersema（2018）。除了专家委员会首先通过合格多数（至少60%）决定是否应该建议一个约束性决定，然后通过简单多数（多于50%）决定该名称是合格发表还是不合格发表，其余流程本质上与保留和废弃一样。这样做的原因是为了避免为每个约束性决定的请求在附录中创建一个条目，因为委员会可能会认为某些情况是不言而喻的。当经总委员会批准的相关专家委员会的决定最终被国际植物学大会批准后，该决定成为具有追溯效力的约束性决定，并且，该名称将被列在附录VI中，注明为合格发表或不合格发表。

名称是否足够相似而易于混淆并应处理为同名

另一种类型的约束性决定涉及易混淆的相似名称，即，或以下等级在缀词上相似的名称可能会被混淆。这样的名称，如果它们基于不同模式（所谓的"副同名〔parahomonyms〕"），应根据条款53.2和条款53.3处理为同名。混淆的可能性可能取决于它们拼写的相似程度，以及它们所应用的分类群之间的密切关系程度。例如，*Cristella* Pat. 1887应用于菌物，而*Christella* H. Lév.

1915应用于蕨类植物门；它们几乎不可能被混淆，即使它们区别仅在于一个字母。另一方面，描述自巴西的*Solanum saltiense* S. Moore 1895和基于描述自阿根廷的*Lycianthes saltensis* Bitter的*S. saltense* (Bitter) C.V. Morton 1944，更可能被混淆，因为它们均应用于南美洲的茄科物种。

决定名称是否可能被混淆通常并不容易，在有疑问的情况下，可向总委员会提出一个决定请求（条款53.4）。除了可能涉及一个以上的专家委员会，其程序和机制与请求有关合格发表的约束性决定的请求相同。适用相同的指南（McNeill & Wiersema, 2018）。经国际植物学大会批准后，该决定变为有约束力并具有追溯效力，并且该名称被列在附录VII中，注明为"(H)"或"(NH)"，即同名或不是同名。

附录I~VII的总结

附录处理保留和废弃名称、禁止著作和约束性决定，其排列和内容如下所述。注意，除了对每个附录的简介外，文本使用拉丁文。这可能不是很明显，因为大多数文本由学名、缩写的作者姓名和参考书目引证组成，但你将注意到诸如*ad*、*icon*和*non designatus*等拉丁文单词以及诸如nom. cons.、typ. cons.和prim.等各种各样的缩写。这些和符号*、(=)、(≡)、(H)、(NH)和(P)等及其意义列在表7（第84~85页）（它们也包括在第166~175页的缩写、缩略词、符号和拉丁文单词的列表中）。

附录I

禁止著作，以作者的字母顺序排列。有些著作仅针对特定等级的名称（如属），并在各个条目的末尾注明。

附录IIA

科的保留名称和保护名称，以及其保留或保护针对的废弃名称。保存名称各自按字母顺序排列在四个部分中：藻类、菌物（也包括保护名称）、蕨类植物和化石。

附录 IIB

科的保留名称，按字母顺序排列在两个部分中：苔藓植物和种子植物。不像附录IIA中的名称，附录IIB中的名称针对所有未列出的异名和同名保留。在少数情况下，交叉引用表示，一个名称是针对附录IIB中的另一个名称的"超保留〔superconserved〕"，这意味着，当这些名称被处理为异模式异名时，必须使用对其有利的一个名称而废弃另一个（例如，*Abietaceae*和*Pinaceae*)。附录IIB在所有附录中独特之处还在于引用给名称的发表之处均处理为在任何情况下都是正确的，而且，因此不可更改，如果发现较早的名称发表之处，或者，即使该名称被发现在列出的文献中未被合格发表（可能性极小），附录中的条目也不能更改。

附录III

属的保留名称和保护名称，以及其保留或保护针对的废弃名称。这些保留名称被安排成6个部分：藻类、菌物（还包含保护名称）、苔藓植物、蕨类植物、种子植物和化石；苔藓植物进一步分为角苔类、苔类和藓类；以及，种子植物分为裸子植物和被子植物；名称在各自类群内按字母顺序排列列出。这是《法规》中迄今为止最大的附录。

附录IV

种的保留名称和保护名称，以及其保留或保护针对的废弃名称。像附录III一样，保留名称安排成6个部分：藻类、菌物（还包含保护名称）、苔藓植物、蕨类植物、种子植物和化石，以及，名称在各自类群内按字母顺序排列。

附录V

禁止名称（根据条款56.1废弃的名称），在6个部分中各自按照字母顺序排列：藻类、菌物、苔藓植物、蕨类植物、种子植物和化石。如果名称根据条款F.7废弃，它们应该也将被在此列入菌物下。

附录VI

关于描述性陈述的约束性决定（见条款38.4）。这些是所谓的"*nomina subnuda*〔半裸名〕"，即，描述性陈述是否足以作为满足对于名称合格发表要求的描述或特征集要是值得怀疑的名称。这些名称被裁定为合格发表的或不合格发表的。

附录VII

关于名称混淆性的约束性决定（见条款53.4）。这些是所谓的"副同名"，即拼写差不多相同，但不是完全相同的名称。这些被裁定为处理为同名或不处理为同名。

表7　《法规》附录I~VII中使用的符号、拉丁文单词及拉丁文单词的缩写

术语	意义
*	当用在条目前时，表示经总委员会批准的提案；名称的保留或废弃或出版物的禁止须经下一届国际植物学大会的决议批准
（=）	异模式（即分类学）异名
（≡）	同模式（即命名学）异名
（H）	同名
（NH）	不是同名
（P）	保护名称，仅对菌物的名称
ad t.	*ad tabulam*，在图版中，用于引用与图示相关的发表之处时
ante	以前，用于引用日期时
cancellans	涂改，用于插入书中的已更正页面，替换被涂改的页面
deest	失踪中，用于失踪的模式标本
etiam vide	也见
ex	来自，用在作者引用中，或指明模式标本的来源
gen. fem. cons.	*genus femininum conservandum*，保留为阴性
gen. masc. cons.	*genus masculinum conservandum*，保留为阳性
gen. neut. cons.	*genus neutrum conservandum*，保留为中性
icon	图像，即一幅图示
ined.	*Ineditus*，未发表的

术语	意义
med.	*Medio*，中间，在（月或年）的中间，用于引用日期
nom. alt.	*nomen alternativum*，互用名称
nom. cons.	*nomen conservandum*，保留名称
nom. illeg.	*nomen illegitimum*，不合法名称
nom. rej.	*nomen rejiciendum*，废弃名称
nom. utique rej.	*nomen utique rejiciendum*，完全废弃的名称，一个禁止名称
non designatus	未指定的
orth. cons.	*orthographia conservanda*，保留缀词法（即拼写）
post	以后，用于引用日期时
prim.	*primo*，在开头，（在一个月或一年中的）早期，用于引用日期时
q.v.	*quod vide*，看到
s.ann.	*sine anno*，没有年份
s.coll.	*sine collectore*，没有采集人
s.loc.	*sine loco*，没有地点
sero	（在一个月或一年中的）晚期，用于引用日期时
sub	在……下面
typ. cons.	*typus conservandus*，保留模式
typ. des.	*typi designatio*，指定模式
typus	模式
vide	见（祈使语）

第九章　如何引用名称的作者

　　引用学名的作者不是强制性的。省略作者引用不会影响一个名称的合格发表、合法性或正确性，也不会影响一个名称的应用。一般来说，科学出版物应该使用作者引用，而通俗出版物则不然。在需要精确和避免混淆的正式场合中应包括作者引用，或者引用《法规》的话，"在出版物中，特别是那些处理分类学和命名的出版物中，即使在未做出对原白的参考文献引证时，引用相关名称的作者可能是可取的"（条款46.1），这听起来像一个模糊的建议，但是，条款以实际规则结束："这么做时，适用下列规则"，所以如果你引用作者，你需要遵循条款46~50。

　　这种混淆的一个潜在来源是同名。例如，当我使用名称*Aster angustifolius*时，我是指N.J. von Jacquin于1798年发表给产自现在的南非的一个物种*Aster angustifolius*，还是C.C. Chang于1935年发表给产自中国的物种*Aster angustifolius*呢？如果我为两个名称引用作者（且最好还包括日期），准确性就达到了，例如*Aster angustifolius* C.C. Chang *non* Jacq.或*Aster angustifolius* C.C. Chang 1935 *non* Jacq. 1798（其中，*non*是拉丁文的不是）。

　　对于属级以上的名称，很少使用作者引用，而且实际上通常没有理由引用它们，除非你在写一篇正式的专著或讨论这样一个名称的合格发表之处，比如引用基名。例如，如果你使用名称*Asteraceae*，难道还有哪个会与你指的*Asteraceae*相混淆？属级以上几乎没有同名。在一般的科学论文、植物志或名录等中引用属以上名称的作者，不仅在大多数情况下是不必要的，而且常常显得矫枉过正，而且，如果作者引用在实际上是错误的，则情况会变得更糟。

　　对学名正确的作者引用取决于归属的定义是什么。归属被定义为一个人或多个人的姓名与一个新名称或一个分类群的描述或特征集要的直接联系（条款46.3）。为了在这里展示一个合理而简单的作者引用指南，我避免使用归属作为基本原则，并省略了只适用于罕见情况的规则。关于作者引用的规则是多年来随着《法规》的使用者遇到了的模棱两可的情形而逐渐发展起来的，一些作者归属难以确切判断，而且，作为回应，他们创造了额外规则以消除模糊性。其结果就是今天《法规》中最复杂的部分之一。在大多数情况下，这里提供的指南应该会产生正确的作者引用。

最常见的情形

大多数情况下，对一个名称的正确作者引用是简单地引用紧跟名称的作者，或者，如果没有引用作者，则是包含名称原白的出版物的作者（见条款46注释1）。该出版物可能是一本书、一本书的一章、一部植物志中的一个科或属的处理，或一个期刊中的一篇文章。当出版物是一个大型著作的一部分时，相关的作者归属是该部分的作者而不是该大型著作的作者（条款46.6）。

在老的著作中，通常缺乏作者引用，例如，在林奈的《植物种志》〔*Species plantarum*〕（Linnaeus，1753）中，你不会发现"L."、"Linn."、"Linné"或"Linnaeus"引用在名称后，然而，林奈是这本书的唯一作者，因而也是书中名称的作者。

在大多数现代原白中，一个新名称紧跟着其作者引用。例如，"*Agrostopoa* Davidse, Soreng & P.M. Peterson, gen. nov."出现在Davidse、Soreng和Peterson的一篇文章（Davidse & al.，2009）中；"*Tainus* Torr.-Montúfar, H. Ochot. & Borsch, gen. nov."出现在Torres-Montúfar、Borsch、Fuentes、Clase、Peguero和Ochoterena的一篇文章（Torres-Montúfar & al.，2017）中。在这些例子中，作者引用完全与出版物的作者归属一致，或者有共同的作者。这些都是不复杂的例子，你可以简单地接受那儿提供的作者引用。

使用"ex"的引用

在原白中，一个名称可能出现一个作者引用，但与包含该原白的出版物的作者归属没有共同者。在大多数情况下，正确的作者引用不是出版物中出现的那个，但可以由用单词"ex"分隔的两组作者组成，格式为"[引用的作者] ex [出版物的作者]"（条款46.5）。请注意，引用"[引用的作者] ex"是可选的，简单引用出版物的作者同样是正确的。例如，Seemann是一部出版物（Seemann，1865~1873）的唯一作者，他在其中发表了一个新种的名称，并将其归属于Nuttal，这样写道： "*G[ossypium]. Tomentosum*, Nutt. (mss.)"。正确引用是*Gossypium tomentosum* Nutt. ex Seem.或*Gossypium tomentosum* Seem.，但不是"*Gossypium tomentosum* Nutt."。当使用"ex"时，它将所谓的"荣誉"作者（Nuttall）与合格发表该名称的实际作者（Seemann）区分开来。

当认为应得到对新名称的一些贡献时，出版物的作者经常引用这样的荣誉作者，例如，这个名字最初是用在一个标本馆标本批注上或在通信中（即它是不合格发表的），或者，它之前是有效发表的但不是合格发表的。

你经常会见到在原白中确实使用这些"ex"引用。如果你在发表一个新名称，并希望将它归属于其他人，你自己可以使用一个"ex"引用，即"[他/她的姓名] ex [你的姓名]"（条款46.10）。

要记住的一条有用规则是同一个作者不能同时正确地出现在一个"ex"引用的两侧。当引用的作者归属和出版物的作者归属至少有一个共同的作者时，引用的作者归属通常接受为正确的（条款46.2最后一句）。例如，如上面（第87页）提及的*Tainus*的作者归属不能是"Torr.-Montúfar, H. Ochot. & Borsch ex Torr.-Montúfar & al."。

使用 "in" 的引用

当一个名称引用其作者和一个完整的参考书目引用时，作为整体的出版物的作者归属有时可能不同于名称的正确作者引用。在该情形下，二者可以被引用，由单词"in"分开（条款46注释2）。例如*Carex continua* C.B. Clarke in Hooker, Fl. Brit. India 6: 717. 1894，其中，Clarke既是以"*C. continua*, C. B. Clarke"出现的名称的作者，又是在页面顶端以"CYPERACEÆ. (C. B. Clarke)"指明的*The Flora of British India*中莎草科的处理的作者，而Hooker是该植物志（Hooker，1872~1897）的主编，由在各卷标题页的"by Sir J. D. Hooker"指明。

注意，跟随"in"的作者归属是一个参考书目引用的一部分，而不是名称的作者归属的一部分；因此，除非跟随一个完整的参考书目引用，它将被省略，并且最好不要缩写。例如，你不应单独写"*Carex continua* C.B. Clarke in Hooker"，也不要写"*Carex continua* C.B. Clarke in Hook., Fl. Brit. India 6: 717. 1894"。

当涉及期刊时，该出版物（即整篇论文）的作者通常被省略。例如，*Cleretum clavatum* (Haw.) Klak in Taxon 61: 304. 2012，不是"*Cleretum clavatum*

(Haw.) Klak in Klak & Bruyns, Taxon 61: 304. 2012"；这里，Klak是Klak和Bruyns共同署名发表在期刊*Taxon*的一篇文章（Klak & Bruyns，2012）中的名称的唯一作者。

是"ex"还是"in"

你如何知道什么时候用"ex"和什么时候用"in"呢？这里给出的两个例子*Gossypium tomentosum*和*Carex continua*看起来很相似。但是，在每个案例中，谁是出版物的作者呢？或者，更准确地说，谁是名称的合格化描述或特征集要的作者呢？对于*G. tomentosum*，它是Seemann，而对于*C. continua*，则是Clarke。请记住，该出版物可能是一部大型著作的一部分，例如，Clarke的莎草科处理是在Hooker的*The Flora of British India*中。合格化描述或特征集要的作者是出版物的作者，除非在罕见的情形下另有陈述（条款46注释5）。因此，当Seemann写道"*G. tomentosum*, Nutt. mss.",他将名称归属于不是合格化描述或特征集要的作者（他自己）的某个人（Nuttall），而且该名称因此引用为*G. tomentosum* Nutt. ex Seem.（或仅仅为*G. tomentosum* Seem.）（条款46.5）。当Clarke写到"*C. continua*, C. B. Clarke"时，他将名称归属于合格化描述或特征集要的作者（他自己），且该名称应因此引用为*C. continua* C.B. Clarke（条款46.2），或在一个完整的参考书目引用中为*C. continua* C.B. Clarke in Hooker, Fl. Brit. India 6: 717. 1894（条款46注释2）。

括号中的（基名）作者引用

对于一个新组合或新等级名称，基名的作者紧跟着名称的作者前引用在括号中（条款49.1）。例如，Smith是新等级名称*Drynaria* (Bory) J. Sm.的作者，而Bory是其基名*Polypodium* subg. *Drynaria* Bory的作者。或者，在上述例子（第88~89页）中，Klak是新组合*Cleretum clavatum* (Haw.) Klak的作者，而Haworth是其基名*Mesembryanthemum clavatum* Haw.的作者，即基名作者。

当然，对于替代名称，不在括号中跟随引用被替代异名的作者。例如，*Ziziphus jujuba* Mill.是给*Rhamnus zizyphus* L.的替代名称，不应引用为*Z. jujuba* "(L.) Mill."。这同样适用于重新使用被替代异名最终加词的替代名称（根据条款58.1明确允许的），*Calandrinia polyandra* Benth.是给*Talinum polyandrum*

Hook. 1855的替代名称，后者是*T. polyandrum* Ruiz & Pav. 1798的一个不合法晚出同名；*C. polyandra*的作者引用是Benth.，而不是"(Hook.) Benth."。

此外，括号中的作者不引用给属以上的名称（条款49.2）。例如，虽然*Illiciaceae* A.C. Sm. 1947通过引证*Illicieae* DC. 1824而合格发表的，且是一个新等级名称，但是，它不应引用为*Illiciaceae* "(DC.) A.C. Sm."。

标准的作者引用

一个人是否引用如"L."、"Linn."、"Linné"或"Linnaeus"等形式是个人喜好或编辑风格的问题。如果你通常缩写作者的姓名，你应该遵循在https://www.ipni.org/ipni/authorsearchpage.do的国际植物名称索引（IPNI）的作者查询提供的标准形式，它最初是基于《植物名称的作者》〔*Authors of Plant Names* 〕（Brummitt & Powell, 1992），但在过去的20年里已经被广泛地更新。该索引也包括菌物和藻类的名称的作者。这些标准形式贯穿使用在《法规》的作者引用中（辅则46A注释1）。请注意，这些并不总是缩写，因此是标准形式，而不是"标准缩写"。

如果你不缩写作者的姓名，那么采用IPNI给出的主要拼写作为标准是一种很好的做法。记住，拼写是多样的，特别是从斯拉夫语字母或中文表意文字转录成拉丁字母的时候。例如，考虑一位生活在1864~1932年且IPNI对其主要拼写为"Nicolai Ivanowicz Kusnezow"的作者，标准（缩写）形式为"Kusn."。IPNI也给出了其姓氏的四种不同的拼法："Kusnetzou"、"Kusnezov"、"Kuznetzov"和"Kuznezov"，而对其父姓也有一种不同的拼法："Ivanovich"。如果你引用其缩写形式，你应该写"Kusn."；如果你要拼写完整他的姓，你应该写"Kusnezow"。

第十章 如何拼写名称

人们常说"细节决定成败",这也适用于缀词法和性,这似乎是生物学命名法给科学家带来最大麻烦的地方。这可能是因为它们实际上与科学或命名法的理论框架没有什么关系,但与语言学有很大关系。事实上,在以前的国际植物学大会上,缀词法和性在修改《法规》的提案中已经超过其应有份额。

有关缀词法和性的规则的存在,促进了新名称的正确和标准化的拼写,并在必要时帮助现有名称的更正和标准化。由于许多大型数据库的出现,拼写的标准化(不考虑语言的正确性)在过去25年左右的时间里变得非常重要。在数据库中以数种不同方式拼写的相同名称可能会产生多条记录,从而使统计信息失真。尝试合并数据库涉及在不同数据库之间链接相同名称,但是,如果它们的拼写不同,它们将不容易链接,而这可能不得不耗费大量时间来手工完成。在数据库中搜索名称需要你事先知道拼写,或者至少是大致的拼写。拼写的变化可能难以预测,并且,即使一个名称存在于数据库中,你的搜索也可能无法找到它。

为了合格地发表一个名称,不再需要拉丁文知识(因为,对于合格化描述或特征集要,现在允许使用英文作为拉丁语的一种替代;条款39.2)。尽管如此,学名大多数来源于拉丁文(或希腊文),因此,掌握拉丁文知识有助于提高对构建学名所涉及的语言学要素的基本理解。使用了两种类型的词:名词和形容词。这些词是曲折变化的,即词尾(结尾)根据性、数和格而变化。有三种性:阳性、阴性和中性;两种数:单数和复数;有两个格使用在学名中:主格和属格。了解这些基本要素,将极大地帮助你在构造新名称和判断已发表的名称是否正确拼写时遵守本《法规》的规则。有关藻类、菌物和植物的学名中拉丁文使用的最权威著作是William T. Stearn〔威廉姆·斯特恩〕的*Botanical Latin*〔《植物学拉丁文》〕(Stearn,1992),而如果你不熟悉植物学拉丁文,一个不那么正式的推介是*A primer of botanical*

Latin with vocabulary〔《植物学拉丁文入门及词汇》〕（Short & George，2013）。

记住，具有不正确拼写的名称可以是合格发表的。缀词法和性的错误不妨碍名称的有效发表或合格发表，也不影响名称的合法性、优先权和分类学应用。因为制造一个新错误比未能更正已存在的错误更糟糕，所以，试图纠正凭感觉的缀词法错误是不明智的，除非你确信你了解相关规则。

缀词法的"黄金法则"

如果有缀词法的"黄金法则"的话，那就是必须保持名称或加词的原始拼写（条款60.1），除了更正排版错误或缀词错误以及由其他关于缀词法规则强制的标准化外。原始拼写是指用在名称的原白，或如果有时，其基名的原白中的拼写（条款60.2），与排版（如，黑体、斜体、大写或小写字母或不同字体）无关。你应谨慎行使更正一个名称的权限，特别是如果更正影响到名称的第一个音节，尤其是第一个字母时（条款60.3）。换句话说，仅当《法规》要求时才更正一个拼写。

关于缀词法的其他规则

字母表和形式。严格地说，这不是缀词法，但它影响合格发表：一个名称必须仅由拉丁文字母表字母组成，且有符合条款16~27 的规定的形式（条款32.1）。这些规定是在第38~44页讨论的有关名称的形式的规则。

经典拉丁文中的外来字母和连体字母（条款60.4）。字母*k*、*w*和*y*在学名中是允许的，但其他字母和连体字母应予以转写（如，德文的ß转写为*ss*）。

互换使用或在任何其他方面与现代排版惯例或命名惯例不相符的字母*u/v*或*i/j*（条款60.5 和60.6）。这类字母应转写以与现代命名用法一致，例如，"*Vredo pvstvlata*"应拼写为*Uredo pustulata*。当源自希腊文单词的双元音*ey*（εν）转写为*ev*时，应处理为可更正为*eu*的错误，例如"*Evonymus*"应拼写为*Euonymus*。当拉丁文而非希腊文起源的名称或加词包括字母*i*作为半元音（跟随另一个元音）时，这处理为可更正*j*的错误，例如，*Brachypodium "iaponicum"*应拼写为*Brachypodium japonicum*。

变音符号和连体字母（条款60.7）。变音符号不使用在学名中，而应转写（例如，ä→*ae*；ö→*oe*；ü→*ue*；é, è, ê→*e*；ñ→*n*；ø→*oe*；å→*ao*）。注

意，分音符号（例如，*Cephaëlis, Isoëtes*）是一个不考虑改变拼写的语音装置；因此，其使用是可选择的。连体字母æ和œ应以分开的字母*ae*和*oe*代替。

词尾（结尾）（条款32.2）。如果名称有违反规则的拉丁文或转写的希腊文词尾，应予以更正，不改变名称的作者引用和日期（条款32.2）。这包括具不合式词尾的属以上名称（条款16.3、18.4和19.7），以及在其他错误中，一个形容词的加词与属名的性不一致（条款21.2、23.5和24.2）。例如*Aster "nigromontana"*可更正为*A. nigromontanus*，因为属名*Aster*是阳性。用作形容词的单词成分*-cola*也是一个可更正的错误（条款23.5），例如，*Erigeron "alpicolus"*可更正为*E. alpicola*。

致敬人的加词的词尾（条款60.8和辅则60C.1）。使用的词尾（例如*-i*、*-ii*、*-ae*、*-iae*、*-anus*或*-ianus*）违反条款60.8时应予更正以与之一致。然而，根据辅则60C.1构成的加词的结尾是不应更正的。例如，*Quercus michauxii*的加词是根据条款60.8构成的，因此不应改变。然而，*Rhododendron "potanini"*中的加词违反条款60.8，且不是根据辅则60C.1构成的，因此，它应更正为*potaninii*。另一方面，*Phoenix theophrasti*的加词是根据辅则60C.1构成的，因而不应改变为"*theophrastii*"或其他。**更多内容见第94~99页关于致敬人的加词的结尾。**

刻意的拉丁化（条款60.9）。这条规则的真髓（也有一些例外）是可以拉丁化的人名、地理名或方言名应予保留。例如，纪念"Rutherford Alcock Esq."的*Abies alcoquiana*，暗含着Alcock至Alcoquius的刻意拉丁化。该拼写不得变更为"*alcockiana*"。

复合加词（条款60.10和辅则60G.1）。一个组成成分源自两个或多个希腊文或拉丁文单词的形容词加词不是根据条款60.10构成时，应予以更正以与之一致（有一些例外）。例如，加词"*cannaefolia*"必须变更为*cannifolia*。**更多内容见第99~100页复合加词。**

连字符（条款60.11和60.12）。在一个复合加词中，连字符处理为应通过删除连字符而更正的错误，例如，*Acer "pseudo-platanus"*和*Scirpus* sect. "*Pseudo-eriophorum*"应拼写为*Acer pseudoplatanus*和*Scirpus* sect. *Pseudoeriophorum*。仅当加词通常由独立的单词构成时，例如 *Vitis novae-angliae*（新英格兰的），或当连字符前后的字母相同时，如*Athyrium austro-occidentale*，允许使用连字符。注意，如果一个加词由两个或多个单词组成，条款23.1规定它们应合并或根据条款60.11用连字符连接，例如，*Coix "lacryma jobi"*最初发表时具空格而不是连字符，其中两个单词通常独立存在（Job's tears），应拼写为*Coix lacryma-jobi*。当属名发表时具有连字符时，连字符应予以保留（条款60注释6），除非它是一个化石属的名称，连字符总是应删除时（条款60.12）。

撇号、引号和句点（句号）（条款60.13）。当撇号和引号用在加词中时，它应予以删除，例如，*Lycium "o'donellii"* 应拼写为 *Lycium odonellii*。然而，如果它跟随字母 *m* 表示父姓的前缀 Mc 或 Mᶜ 时，它以字母 *c* 代替，例如，*"Stobaea M'Kenii"* 应拼写为 *Stobaea mckenii*。当句点用在一个源自包括这样的句点的人名或地理名的加词中时，加词应扩展（见如下缩写），或者，如果命名传统并不支持扩展时应删除句点，例如 *Nesoluma "St.-Johnianum"* 应拼写为 *Nesoluma st-johnianum*。

缩写（条款60.14）。名称和加词中的缩写应根据命名传统扩展，例如，*Allium "a.-bolosii"* 应拼写为 *Allium antonii-bolosii*。

菌物名称中的加词（条款F9.1）。当源自相关联的有机体的属名时，加词应与该有机体的名称的接受拼写一致。例如，*Phyllachora "anonicola"* 应更正为 *Phyllachora annonicola*，因为相关联的有机体的名称的正确拼写是 *Annona*，而不是 *"Anona"*。

关于致敬人的加词词尾的更多指南

涉及致敬人的加词的词尾的条款60.8可以做如下解释：当种加词或种下加词源自人名按照条款60.8构成时，它不能变更。当它违反条款60.8时，必须更正以使其一致，除非它是按照辅则60C.1构成，在此情形下，同样不能变更。

条款60.8涉及源自非拉丁化的人名的种加词和种下加词的构成。例如，*michauxii* 和 *potaninii* 源自非拉丁化的人名 *Michaux* 和 *Potanin*。可能有两种类型的加词：名词性的加词，即属格名词（*michauxii*、*potaninii*），以及主格形容词性的加词（*michauxianus*、*potaninianus*）。名词性加词必须在性和数上与被致敬的人一致（阳性或阴性，单数或复数），然而，形容词性加词必须与属名的性一致（阳性、阴性或中性，单数）。这种一致以使用合适的拉丁文词尾来实现。两种类型的加词均通过添加词尾至非拉丁化的人名构成，有无细微的变化取决于人名的结尾是 -a，还是其他元音（-e、-i、-o、-u、-y）、-er 或辅音（但不是 -er）。这些规则在第60.8条中陈述，但也可以按以下方式"检索"：

构成致敬具非拉丁化人名的人的加词的检索表

1a. 加词为形容词：

　　2a. 人名以辅音结尾：

　　　　3a. 属名的性为阳性：加-*ianus*

　　　　3b. 属名的性为阴性：加-*iana*

　　　　3c. 属名的性是中性：加-*ianum*

　　2b. 人名以元音结尾：

　　　　4a. 人名以-*a*结尾：

　　　　　　5a. 属名的性是阳性：加-*nus*

　　　　　　5b. 属名的性是阴性：加-*na*

　　　　　　5c. 属名的性是中性：加-*num*

　　　　4b. 人名以-*e*、-*i*、-*o*、-*u*或-*y*结尾：

　　　　　　6a. 属名的性是阳性：加-*anus*

　　　　　　6b. 属名的性是阴性：加-*ana*

　　　　　　6c. 属名的性是中性：加-*anum*

1b. 加词是属格名词：

　　7a. 人名以辅音（但不是-*er*）结尾：

　　　　8a. 一个人被致敬：

　　　　　　9a. 人是男性：加-*ii*

　　　　　　9b. 人是女性：加-*iae*

　　　　8b. 两个或多个人被致敬：

　　　　　　10a. 至少一个人是男性：加-*iorum*

　　　　　　10b. 所有人是女性：加-*iarum*

　　7b. 人名以元音或-*er*结尾

　　　　11a. 人名以-*a*结尾：

　　　　　　12a. 一个人被致敬（男性或女性）：加-*e*

　　　　　　12b. 两个或多个人被致敬（男性或女性）：加-*rum*

　　　　11b. 人名以-*e*、-*er*、-*i*、-*o*、-*u*或-*y*结尾：

　　　　　　13a. 一个人被致敬：

　　　　　　　　14a. 人是男性：加-*i*

　　　　　　　　14b. 人是女性，加-*ae*

> 13b. 两个或多个人被致敬：
>   15a. 至少一个人是男性：加-*orum*
>   15b. 所有人是女性：加-*arum*

*Quercus michauxii*的加词源自一个人名Michaux，为属格名词。上述检索表给出*michauxii*（1b、7a、8a、9a）。词尾-*ii*是符合条款60.8，而且因此不可更改。同样，*Rhododendron "potanini"*源自人名Potanin。上述检索表会给出*potaninii*（同样，1b、7a、8a、9a）。词尾-*i*违反条款60.8，而且因此处理为应予更正的错误。

然而，不是所有源自人名的加词都应根据条款60.8构成。如果人名已经是希腊文或拉丁文，或如果它拥有一个固定的拉丁化形式，适用辅则60C.1，且该名称应给予适当的拉丁文属格以构成一个名词性加词。例如，人名Linnaeus和Theophrastus已经是拉丁文（主格），因此，辅则60C.1适用于它们。它们被赋予适当的拉丁文属格以构成名词性加词：*linnaei*和*theophrasti*。当考量像*theophrasti*这样的一个加词是否需要更正时，请记住根据条款60.8，符合辅则60C.1构成的加词的词尾不应更正。

Elisabeth和Martin是人名拥有固定的拉丁文形式的例子，即分别是*Elisabetha*和*Martinus*。当其合适的拉丁文属格用于根据辅则60C.1构成名词性加词时，结果是*elisabethae*和*martini*。同样，按照辅则60C.1构成的加词的词尾不可变更。

另一方面，如果加词发表为*elisabethiae*和*martinii*，它们不可能是按照辅则60C.1构成（因为不存在"*Elisabethia*"和"*Martinius*"），且不可能违反条款60.8。因此，条款60.8再次不允许对其进行更改。这是令人困惑的，但加词*martini*、*martinii*、*elisabethae*和*elisethiae*中任何一个都可能是正确的。

表8（第97~98页）给出了数个加词源自人名且按照条款60.8或辅则60C.1构成的例子。

表8 源自人名的加词举例（标有"*"者是按照辅则60C.1构成；其余的均按照条款60.8构成）

人名	与人名的性、数、格保持一致的属格名词				与属名的性（保持一致的主格形容词		
	男性	女性	复数（至少一人为男性）	复数（均为女性）	阳性	阴性	中性
Brown	brownii	browniae	browniorum	browniarum	brownianus	browniana	brownianum
Camus	camusii	camusiae	camusiorum	camusiarum	camusianus	camusiana	camusianum
Elisabeth	–	elisabethiae	–	elisabethiarum	elisabethianus	elisabethiana	elisabethianum
Elisabetha*	–	elisabethae	–	elisabetharum	–	–	–
Fortune	fortunei	fortuneae	fortuneorum	fortunearum	fortuneanus	fortuneana	fortuneanum
Franchet	franchetii	franchetiae	franchetiorum	franchetiarum	franchetianus	franchetiana	franchetianum
Gilbert	gilbertii	gilbertiae	gilbertiorum	gilbertiarum	gilbertianus	gilbertiana	gilbertianum
Gray	grayi	grayae	grayorum	grayarum	grayanus	grayana	grayanum
Hayata	hayatae	hayatae	hayatarum	hayatarum	hayatanus	hayatana	hayatanum
Henry	henryi	henryae	henryorum	henryarum	henryanus	henryana	henryanum
Hooker	hookeri	hookerae	hookerorum	hookerarum	hookerianus	hookeriana	hookerianum
Jussieu	jussieui	jussieuae	jussieuorum	jussieuarum	jussieuanus	jussieuana	jussieuanum
Leveillé	leveillei	leveilleae	leveilleorum	leveillearum	leveilleanus	leveilleana	leveilleanum
Li	lii	liae	liorum	liarum	lianus	liana	lianum
Linnaeus*	linnaei	–	linnaeorum	–	–	–	–

人名	与人名的性、数、格保持一致的属格名词				与属名的性(保持)一致的主格形容词		
	男性	女性	复数（至少一人为男性）	复数（均为女性）	阳性	阴性	中性
Loureiro	loureiroi	loureiroae	loureiroorum	loureiroarum	loureiroanus	loureiroana	loureiroanum
Ma	mae	mae	marum	marum	manus	mana	manum
Major	majorii	majoriae	majoriorum	majoriarum	majorianus	majoriana	majorianum
Mao	maoi	maoae	maoorum	maoarum	maoanus	maoana	maoanum
Martin	martinii	martiniae	martiniorum	martiniarum	martinianus	martiniana	martinianum
Martinus*	martini	–	martinorum	–	–	–	–
Pallas	pallasii	pallasiae	pallasiorum	pallasiarum	pallasianus	pallasiana	pallasianum
Potanin	potaninii	potaniniae	potaniniorum	potaniniarum	potaninianus	potaniniana	potaninianum
Shaw	shawii	shawiae	shawiorum	shawiarum	shawianus	shawiana	shawianum
Smith	smithii	smithiae	smithiorum	smithiarum	smithianus	smithiana	smithianum
Theophrastus*	theophrasti	–	theophrastorum	–	–	–	–
Visiani	visianii	visianiae	visianiorum	visianiarum	visianianus	visianiana	visianianum
Yü	yui	yuae	yuorum	yuarum	yuanus	yuana	yuanum
Zhang	zhangii	zhangiae	zhangiorum	zhangiarum	zhangianus	zhangiana	zhangianum

最后，请注意，一些加词看起来像是源自人名，但实际上不是。在这些情形中，条款60.8根本不适用。例子有，*Asparagus tamaboki* Yatabe 1893，这里，加词源自日文方言名"tamaboki"；*Paeonia emodi* Wall. ex Royle 1834，这里，*emodi*是*Emodus*的属格，罗马人和希腊人就是用这个名字来认知喜马拉雅山的；以及*Uladendron codesuri* Marc.-Berti 1971，源自缩略词CODESUR（Comisión para el Desarrollo del Sur de Venezuela〔委内瑞拉南部发展委员会〕）。

更多关于复合加词

条款60.10涉及组合成源自两个或更多个希腊文或拉丁文单词的形容词性加词的构成。不是按照这条规则构成的加词必须更正以与它一致，除非辅则60G适用（见第99~100页假复合词）。记住，条款60.10仅涉及加词（不涉及属名），而且仅仅是形容词性加词，并且仅当组成成分源自希腊文和拉丁文单词时适用。例如，在*Andromeda polifolia* L.中，加词实际上是一个名词（前林奈时期的属名称谓"*Polifolia*"）；因此不应变更为"*poliifolia*"。没有对原白的分析，这一点是不明显的。你通常应该检查原白，以防来源与你的最初设想不一样。*Tetragonia tetragonoides* (Pall.) Kuntze中的加词起源于一个名词（属名*Tetragonia*）和一个后缀（-*oides*），而不是源自两个希腊文或拉丁文单词（后缀不是单词）；因此，它不应更改为"*tetragonioides*"。

一个规则的复合加词包含一个非最终位置的名词或形容词，例如，*aquilegiifolia*，它的意思是似楼斗菜叶的。*Aquilegia*是在非最终位置的名称。移除Aquilegiae的属格单数的格尾-*ae*后为*aquilegi*-，其后加上连接元音-*i*-和结尾-*folia*。

连接元音仅用在辅音前，而且，复合词的成分为拉丁文时加-*i*-，而为希腊文时加-*o*-。不鼓励使用一个成分为拉丁文和另一个成分为希腊文的混合复合词（辅则23A.3c），但这不是应更正的错误，例如，*Chomelia grandicarpa*的加词复合了拉丁文的"大"和希腊文的"果实"，我们不能将它更正为全希腊文的*macrocarpa*。

假复合词

假复合词包含一个不在最终位置的名词或形容词，整个词变格具一个格尾（辅则（60G.1b）。例如，加词*albomarginatus*的意思是具白色镶边。这里，*album*（白色）是不在最终位置的名词。整个单词以夺格*albo*（意为"具白色的"）出现，后面跟着形容词*marginatus*（边缘的）。

根据条款60.11，在一个假复合词中使用拉丁文第一变格法的名词属格单数结尾而不是一个连接元音的用法应处理为应更正的错误，除非它表达语义上的区别。例如，假复合词*tubaeformis*源自第一变格法名词*tuba*（喇叭），其属格单数是tubae。根据条款60.10，规则复合词应该是*tubiformis*，但这会与源自*tubus*（管，属格单数tubi）的规则复合词*tubiformis*完全相同。因为加词*tubaeformis*在语义上区分了*tuba*和*tubus*，所以，它不是一个可更正的错误。另一方面，另一个拉丁文第一变格法名词*Aquilegia*的属格单数是*Aquilegiae*，它可以给出一个假复合词"*Aquilegiaefolia*"。因为在这种情况下没有反映语义上的区别，所以，这个加词必须更正为规则的复合词形式*aquilegiifolia*。

缀词变体

缀词变体根据条款61处理。在条款61.2中它被定义为当仅涉及一个命名模式时，一个名称或其最终加词（包括排版错误）的不同拼写、复合和变格形式。任何一个名称仅一个缀词变体被处理为合格发表：出现在原始出版物（即原白）中的形式（条款61.1）；所有其他拼写变体应更正为该名称合格发表时的形式，且处理为如同它们以该正确形式出现（条款61.4）。当然，原始出版物中出现的缀词变体本身可能需要按根据上文缀词法所讨论的拼写进行更正，或者其拼写可能需要更正以与基名相一致（见条款6.10），或者对于菌物名称，在认可著作中的拼写一致（条款F.3.2）。也有可能根据条款14.11保留一个名称以维持一个特定的拼写（见第八章）。

缀词变体被不同的作者在不同时间发表时，可能看起来像是不同的名称，但是，根据《法规》，后来的变体只是较早名称的后来用法，并且没有命名地位。可以将它们引用在引号内，与其作为称谓而不是名称（即不合格发表的）的地位相称，而有时被引用为"orth. var."（虽然，在本《法规》中不这样引用）。基于相同模式的易混淆的相似名称被处理为缀词变体(条款61.5)。例如，*Nelumbo* Adans. 1763和"*Nelumbium*"（Jussieu, 1789: 68）是基于*Nymphaea nelumbo* L.的一个属名的拼写形式，并被视为缀词变体。即使Jussieu的"*Nelumbium*"是一个有意的新名称，但是，它与*Nelumbo*相似到易被混淆，而且是基于相同的模式；因此，它被处理为缀词变体。实际上，

Jussieu使用了Adanson的名称，尽管有一个可以更正的拼写错误。

　　偶尔，原始出版物中可能包含一个以上的缀词变体。在这种情况下，条款61.3规定应该保留哪一个：符合各项规则并最适合条款60的建议的那一个。然而，如果变体同等符合和适合，则命名行为决定保留哪个变体，即，出现在有效发表的文本中第一选择，在其中作者明确采用其中一个变体而废弃其他变体。

性

　　所有属名都有一个性：阳性、阴性或中性。这一点非常重要，因为属内次级区分、种和种下分类群的名称中的形容词性加词必须与属名在性上一致（条款21.2、23.5和24.2）。如果它们不是，该名称是有效发表的，但是，加词的词尾应予以更正，不改变名称的作者引用或日期（条款32.2）。当然，在一些小属的从属分类群的名称中，也很可能没有形容词性加词。

　　有一些值得记住的普遍性规律。以-us（如*Agaricus*、*Astragalus*）结尾的名称多为阳性，除非它们是树木的名称，在此情形下，它们多为阴性（*Aesculus*、*Prunus*、*Quercus*、*Ulmus*）。以-a和-is结尾的名称几乎总是阴性（*Rosa*、*Yucca*；*Cannabis*、*Orchis*），除非它们以-ma结尾，在此情形下，它们多为中性（*Alisma*、*Melastoma*）。以-um结尾的名称通常是中性（*Allium*、*Lilium*）。

　　关于性的规则在《法规》的条款62中。条款62.1是基本规则，它指出一个属名保持依命名传统赋予的性。命名传统的性通常（但并非总是）与相应希腊文或拉丁文单词的经典的性（如果有的话）一致，例如，*Quercus* L. 1753在命名传统上是阴性，而拉丁文单词*quercus*（栎树）的经典的性也是阴性。如果名称的经典用法或名称的作者的最初用法不同，它未必推翻命名传统。如果没有命名传统，属名保持其原始作者指定的性（也见条款62.1）。

　　随意构成的属名、俗名用作属名或形容词用作属名，也取其原始作者指定的性（条款62.3）。如果该作者未指明性，后来的作者可以选择一个性，并且第一个这样的选择如果是有效发表的，则是一个命名行为，且应予以遵从。

　　有一些例外，组成了条款62的其余规则。复合属名取复合词中最后一个单词主格的性（条款62.2），例如，因为*Taxus* L. 1753的性是阴性，所以，*Parasitaxus* de Laub. 1972的性是阴性。也有一些属名的特定结尾总是取阳性、阴性或中性的性。这些在表9中与相关的条款编号一起列出。

也有可能根据条款14.11保留一个名称以保持一个特定的性（见第八章）。

表9 通常取特定性的属名的结尾

阳性	条款	阴性	条款	中性	条款
-anthos	62.2c	-achne	62.2b	-ceras	62.2c
-anthus	62.2c	-anthes	62.4	-dendron	62.2c
-botrys	62.2a	-chlamys	62.2b	-nema	62.2c
-cheilos	62.2c	-daphne	62.2b	-stigma	62.2c
-chilos	62.2c	-glochin	62.2b	-stoma	62.2c
-chilus	62.2c	-mecon	62.2b		
-codon	62.2a	-odes	62.4		
-gaster	62.2b	-oides	62.4		
-ites	62.4	-osma	62.2b		
-myces	62.2a				
-odon	62.2a				
-panax	62.2a				
-phycos	62.2c				
-phycus	62.2c				
-phykos	62.2c				
-pogon	62.2a				
-stemon	62.2a				

第十一章 藻类、菌物、化石和杂种的名称以及《法规》未涵盖类群的名称

下面三节讨论《法规》中仅应用于藻类、菌物和化石的规则和辅则。表10（第106~107页）总结了一些比较重要的规则，并将其与对于植物的相应规则进行比较。

藻 类

蓝绿藻（蓝细菌）

蓝绿藻（蓝细菌〔*Cyanobacteria*〕，蓝藻门〔*Cyanophyta*〕，蓝原核生物〔cyanoprokaryotes〕）面临着问题，因为其命名不仅被《国际藻类、菌物和植物命名法规》管辖，还受《国际原核生物命名法规》管辖。更多细节见第119~120页。

命名起点

藻类的命名起点（条款13.1e）如下：

- 除了下面所列的之外的所有类群，1753年5月1日，Species plantarum, ed. 1（Linnaeus，1753）。
- 广义鼓藻科〔*Desmidiaceae*〕，**1848年1月1日**，*The British Desmidieae* (Ralfs，1848)。
- 异胞念珠藻类〔*Nostocaceae heterocysteae*〕，**1886年1月1日**，"Révision des Nostocacées hétérocystées"（Bornet & Flahault，1886~1888）。该书的4个部分处理为已于1886年1月1日同时发表。异胞念珠藻类与蓝细菌近缘，本质上是念珠藻目〔*Nostocales*〕。

- 同胞念珠藻类〔Nostocaceae homocysteae〕，**1892年1月1日**，"Monographie des Oscillariées"（Gomont，1892~1893）。该书的两部分处理为已于1892年1月1日同时发表。同胞念珠藻类与蓝细菌有关，本质上是颤藻目〔*Oscillatoriales*〕。
- 鞘藻科〔*Oedogoniaceae*〕，**1900年1月1日**，"Monographie und Iconographie der Oedogoniaceen"（Hirn，1900）。

名称的构成

科级以上的藻类名称构成在两个方面不同于植物和菌物的名称的构成。纲的名称以-*phyceae*结尾，以及亚纲的名称以-*phycidae*结尾（条款16.3；见第40页表5）。与这些结尾不相符的名称应予以更正，除非它是以非拉丁文词尾发表的，在此情形下，它们是不合格发表的。

合格化描述或特征集要的语言

对于实施涉及合格化描述或特征集要的语言的规则，藻类有不同于菌物和植物的日期。对于1958年以前发表的一个非化石藻类的新分类群的名称，描述或特征集要可以使用任何语言。1958年1月1日至2011年12月31日期间（均含），描述或特征集要必须使用拉丁文（条款44.1）。2012年1月1日及之后，藻类加入了根据本《法规》处理的所有其他分类学类群的行列，要求描述或特征集要必须使用拉丁文或英文（条款39.2）。

合格化图示

对于1958年1月1日或之后发表的种或更低等级的非化石藻类的新分类群的名称的合格发表，除了描述或特征集要外，图示是必须的（条款44.2）。名称必须伴有一幅显示区别性形态特征的图示或图，或引证之前有效发表的一幅显示区别性形态特征的图示或图。

模式

对于1958年1月1日之后发表的属或以下等级的新分类群的所有名称，合格发表要求指明模式（条款40.1）；这适用于所有类群，不仅仅是藻类。对于发表于2007年以前的新的种或种下分类群的名称，该模式允许是一份标本或一幅图示。一份标本可以是如显微制品、干的培养物或采自自然的标本。对于2007年1月1日或之后发表的此类名称，模式（即主模式）必须是一份标本（条款40.4），而不能是一幅图示。一个例外是给微型藻类的名称，对于它们，如果保存存在技术困难或不可能保存一份显示该名称作者归予该分类群的特征的标本，主模式可以是一幅有效发表的图示（条款40.5）。注意，对于包括化石藻类（但硅藻除外）在内的化石分类群的名称，模式必须总是一份标本（条款8.5）。

尽管名称的模式不能是一个活的有机体或培养物，但一个藻类名称的模式可以是一个保存在代谢不活跃状态的培养物，即以冷冻干燥法或超低温冷冻法保存在不活跃状态的活体（条款8.4）。衍生自这样保存的模式的活培养物称为"衍生模式〔ex-type〕"（辅则8B.2）。对于2019年1月1日或之后发表的新的种或种下分类群的名称，如果模式是一个培养物，在原白中必须包括一个培养物保存在代谢不活跃状态下的陈述（条款40.8）。

注册

尽管已建立一项机制（条款42），使命名存储库根据《法规》变得被认可，但是，对于藻类的名称而言，注册还不是强制（见第36~37页）。

菌　　物

在2017年深圳大会上，《法规》在处理为菌物的有机体的命名方面做出了重大改变。两个主要改变是决定将《法规》中所有仅涉及菌物名称的规定移入一个独立部分，即第F章。第二个改变是第F章的规定只能由国际菌物学大会（IMC）修订，而《法规》的其他规定只能由国际植物学大会（IBC）修订（如以前一样）。除了编辑委员可作出编辑调整外，国际菌物学大会的决议对随后的国际植物学大会具有约束力（见第十三章）。

如果你在做菌物学方面的工作，请记住，第F章由《法规》中仅涉及菌物名称的那些规定组成。但是，《法规》的大多数其他条款涉及菌物名称，就像它们涉及藻类和植物名称一样。因此，千万不要认为你只需要学习第F章就可以了。对第F章的介绍就包括了这个重点提醒，以及一份对《法规》其他部分特别相关规定的注释清单。

表10　应用于藻类、菌物、植物和化石的重要不同规则的比较

	藻类	菌物	植物	化石
定义	包括蓝绿藻和光合原生生物及在分类上与其近缘的非光合类群；包括硅藻	所有传统上处理为菌物的有机体，包括地衣型真菌、壶菌、卵菌或黏菌类；小孢子虫除外	维管植物（种子植物和蕨类植物）和苔藓植物（藓类、苔类和角苔）	藻类、菌物和植物的化石；硅藻除外
命名起点	1753年5月1日；例外：广义鼓藻科，1848年1月1日；异胞念珠藻类，1886年1月1日；同胞念珠藻类，1892年1月1日；鞘藻科，1900年1月1日（条款13.1e；见第103~104页）	1753年5月1日（条款F.1.1；见第108页）	1753年5月1日；例外：维管植物和特定苔藓植物（泥炭藓科和包括角苔纲的苔类）的属以上的名称，1789年8月4日；苔类（泥炭藓科除外）的所有名称，1801年1月1日（条款13.1a~c；见第122页）	1820年12月31日（条款13.1f；见第113~114页）
合格化描述或特征集要的语言	发表于1753~1957年间的新分类群名称：任何语言（条款44.1）1958~2011年：拉丁文（条款44.1）2012年以后：拉丁文或英文（条款39.2）	1753~1934年间发表的新分类群名称：任何语言（条款39.1）1935~2011年：拉丁文（条款39.1）2012年以后：拉丁文或英文（条款39.2）	与菌物相同	1753~1995年间发表的新分类群名称：任何语言（条款43.1）1996年以后：拉丁文或英文（条款43.1）
要求合格化图示	对于1958年以后发表新的种或种下分类群的名称（条款44.2）	从不	从不	对于发表于1912年以后的新的化石属或更低等级的化石分类群（条款43.2）对于2001年以后发表的新的化石种或种下化石分类群的名称：至少合格化图示之一被确认代表模式标本（条款43.3）

续表

	藻类	菌物	植物	化石
模式为活的培养物	只有保存于代谢不活跃状态下（条款8.4）这必须在2019年以后发表的新的种或种下分类群的名称的原白中加以陈述（条款40.8）	只有保存于代谢不活跃状态下（条款8.4）这必须在2019年以后发表的新的种或种下分类群的名称的原白中加以陈述（条款40.8）	从不	不可能
模式（即主模式）可为一幅图示	对于1753~2006年间发表的新的种或种下分类群的名称（条款40.4）2007年以后仅在特定情形下（条款40.5；见第104页）	对于1753~2006年间发表的新的种或种下分类群的名称（条款40.4）2007年以后仅在特定情形下（条款40.5；见第109页）	仅对发表于1753~2006年间的新的种或种下分类群的名称（条款40.4）	从不（条款8.5）
要求注册	根据《深圳法规》，不需要	对于2013年之后发表的所有新名称（条款F.5.1）对于2019年以后发表的模式指定（条款F.5.4）	根据《深圳法规》，不需要	化石菌物：与菌物相同化石藻类和化石植物：根据《深圳法规》，不需要
跨《法规》的同名导致不合法性	仅根据条款54.1（见第120页）	如果是原核生物或原生动物的晚出同名，2019年之后发表的菌物的新名称是不合法的（条款F.6.1）条款54.1也适用（见第120页）	仅根据条款54.1（见第120页）	化石菌物：与菌物相同 化石藻类和化石植物：仅根据条款54.1（见第120页）

IMC每四年举行一届，例如，2018年、2022年和2026年，而国际植物学大会每六年举行一届，如2017年，2023年[1]和2029年。因此，在连续的两届国际植物学大会之间，举办一或两届国际菌物学大会。自上一届国际植物学大会以来因已举办的国际菌物学大会对第F章所作的修改展示在《法规》的在线版本中，以这样的明确表明这些修改源自指明的某一届IMC的方式整合进《法规》中。第F章的修订版本也单独发表在*IMA Fungus*上。May & al.（2018）总结了2018年圣胡安国际菌物学大会带来的关键变化，也包括在本指南中。

地衣

就命名而言，地衣是菌物，因为给予地衣的名称应用于其菌物组成部分（条款F.1.1）。地衣是一种包括了藻类或蓝绿藻（蓝细菌）或二者均有的菌物，它们各自有独立的学名。

命名起点

菌物的命名起点（条款F.1.1）现在认定是1753年5月1日，即*Species plantarum,* ed. 1（Linnaeus，1753），但在1981年的悉尼大会以前，较晚的日期也用于某些类群。注意，某些菌物类群的名称是认可的（见第110~111页）。

名称的构成

科级以上的菌物名称的构成与植物和藻类名称的构成略有区别。门的名称以-*mycota*结尾，亚门的名称以-*mycotina*结尾，纲的名称以-*mycetes*结尾，亚纲的名称以-*mycetidae*结尾（条款16.3；见第40页表5）。与这些结尾不一致的名称应予以更正，除非它们发表时具有非拉丁文的词尾，在此情形下，它们是不合格发表的。

1　译者注：由于疫情，原定于2023年于巴西里约热内卢召开的第二十届国际植物学大会，延期至2024年于西班牙马德里召开。

模式

对于1958年1月1日之后发表的属或以下等级的新分类群的所有名称，合格发表要求指明模式（条款40.1）；这适用于所有类群，不仅仅是菌物。对于发表于2007年以前的新的种或种下分类群的名称，该模式允许是一份标本或一幅图示。一份标本可以是如显微制品、干的培养物或采自自然的标本。对于2007年1月1日或之后发表的此类名称，模式（即主模式）必须是一份标本（条款40.4），而不能是一幅图示。一个例外是给微型菌物的名称，对于它们，如果保存存在技术困难或不可能保存一份显示该名称作者归予该分类群的特征的标本，主模式可以是一幅有效发表的图示（条款40.5）。注意，对于包括化石菌物在内的化石分类群的名称，模式必须总是一份标本（条款8.5）。

尽管名称的模式不能是一个活的有机体或培养物，但一个菌物名称的模式可以是一个保存在代谢不活跃状态下的培养物，即以冷冻干燥法或超低温冷冻法保存在该不活跃状态下的活体（条款8.4）。衍生自这样保存的模式的活培养物称为"衍生模式〔ex-type〕"（辅则8B.2）。对于2019年1月1日或之后发表的新的种或种下分类群的名称，如果模式是一个培养物，原白中必须包括一个培养物保存在代谢不活跃状态下的陈述（条款40.8）。

注册

为了合格发表，2013年1月1日或之后发表的菌物的新名称必须注册（条款F.5.1）。注册通过在原白中引用由认可的存储库颁发给名称的标识码来实现（见第27~28页图4）。这个要求适用于在所有等级上包括化石菌物和地衣型真菌在内的所有处理为菌物的新分类群名称、新组合、新等级名称和替代名称。

根据条款F.5.3，一个"认可的存储库"是由菌物命名委员会（见第135~137页）指定的存储库。该委员会也有权撤销此类指定或甚至在该系统停止运行时搁置对注册的要求。这些决定需由后续的国际菌物学大会批准。存储库定义为一个或多个区域性的或分散的、开放且可获取的电子资源库，以登记条款F.5.2所要求的信息以及颁发条款F.5.1所要求的标识码。标识码是命名存储库中与一个特定名称相关联的识别编号或代码，通常称为生物科学标识码（LSID）。

现有三个认可的存储库：菌物库〔MycoBank〕（http://www.mycobank.

org/）、菌物索引〔Index Fungorum〕（http://www.indexfungorum.org/）和菌物名称〔Fungal Names〕（http://www.fungalinfo.net/）。

2019年1月1日或以后发表的模式指定也要求注册才能有效（条款F.5.4）。这里指的是后选模式、新模式、附加模式以及其对于属或属内次级区分的等同模式的指定，但不是新分类群名称原白中的模式指定，后者已被条款F.5.1涵盖。注册流程与新名称的注册流程一样：由认可的存储库颁发的识别码必须在模式指定时一起引用（见第69~70页图20）。

如果你错误地引用一个识别码，在某些情况下，它可以处理为一个可更正的错误，不影响一个名称的合格发表或一个模式的指定（条款F.5.6~F.5.8；在2018年圣胡安大会上添加进第F章）。

同名

如果一个处理为菌物的分类群的名称是一个原核生物或原生动物的名称的晚出同名，则它是不合法的（条款F.6.1）。你可以通过搜索诸如生命编目〔the Catalogue of Life〕（http://www.catalogueoflife.org）这样的跨界数据库来检查你提出的新菌物名称是否会是晚出同名。一个简单的网络搜索也可以帮助查找一个名称是否已经被发表。

认可

某些类群的菌物名称通过认可来保护，这涵盖在条款F.3中。在1981年的悉尼大会上，认可作为一种命名装置引入《法规》中，以避免当一个较晚的起点系统被放弃时可能发生的名称变更。认可名称被处理为针对早出同名和竞争异名而保留。

核心规则是条款F.3.1，它规定哪些名称是认可的，即那些被Persoon在*Synopsis methodica fungorum*（Persoon，1801）中采用的锈菌目〔Uredinales〕、黑粉菌目〔Ustilaginales〕和广义腹菌类〔Gasteromycetes (s.l.)〕中的名称，以及被Fries在*Systema mycologicum*, vol. 1~3和补充的索引（Fries，1821~1832）和*Elenchus fungorum*, vol. 1~2 (Fries，1828)中采用的其他菌物（黏菌除外）的名称。这些著作中包含认可名称的认可处理。一个认可处理起着更像一个"补充原白"的作用，尽管实际的原白保持在认可名称的合格发表之处。

对于认可名称的其他主要规则和辅则总结如下：

● 认可名称处理为如同针对早出同名和竞争异名而被保留（条款F.3.2）。
● 除了由条款80和条款F.9强制执行的变更外，认可的作者使用的拼写处理为保留（条款F.3.2）。
● 如果一个认可名称是另一个认可名称的晚出同名，则它是不合法的（条款F.3.3）。
● 一个认可名称的早出同名不因该认可而变为不合法；尽管不可用，但可用作基名（条款F.3.4）。
● 当两个或多个认可名称竞争时，优先权原则（条款11.3或11.4）管辖正确名称的选择（条款F.3.5和F.3.6）。
● 认可的日期并不影响合格发表的日期和因此的优先权（条款F.3注释1）。
● 保留（条款14）、保护（条款F.2）和明确的废弃（条款56和条款F.7）优先于认可（条款F.3.8）。
● 认可名称的后选模式（或其根据条款10的等同者）可从原白中和（或）认可处理中与该名称相关的成分中选择（条款F.3.9和10.2b）。来自原白语境中的成分是原始材料，而来自认可著作语境中的那些成分被视为等同于原始材料（条款F.3注释2）。
● 最后一条辅则：在一个正式引用中，认可名称的地位可通过在作者后添加"nom. sanct."（*nomen sanctionatum*，认可名称）来指示，例如，*Boletus piperatus* Bull., nom. sanct.（辅则F.3A.1）。《法规》已不再推荐通过添加"：Fr."或"：Pers."至作者引用中来指示认可名称的旧时系统（自2018年的圣胡安大会）。

保护与废弃

提议保护或废弃的名称清单可根据条款F.2或F.7分别提交给总委员会。在菌物命名委员会和总委员会审查和批准后，保护名称添加至附录（附录IIA、III或IV）中，且处理为针对任何竞争的列出或未列出的异名或同名（包括认可名称）保留；废弃名称添加至附录V中，且应处理为根据条款56.1废弃。根据条款14的保留优先于这个保护或废弃。更多细节见第八章。

具多型生活史的菌物

一个多世纪以来，特殊的规则曾经适用于菌物的某些类群，其生活史阶段涉及一个或多个有丝分裂无性阶段（无性型）和一个减数分裂有性阶段

（有性型）；这种菌物被称为具有多型的生命周期。这些状态在形态上是不同的，而且，可能会被发现分开生长，因此，在人们意识到它们是单一物种生命周期的一部分之前，它们经常被赋予不同的名称。此外，在自然界中经常只遇到一个阶段，而且，对某些菌物来说，人工培养中只知道有性阶段，而其他一些菌物则已经完全丧失了形成有性阶段的能力。在分子方法出现之前，人们通过对纯培养的批判性研究建立了它们之间的联系，特别是当一个无性阶段的菌落可以从有性状态产生的单一孢子中生长出来时。然而，即使在没有有性阶段，分子数据可以明确地证明，无性阶段在系统发育上应该放置的位置。根据《墨尔本法规》之前的各版本，在最大的菌物类群中，同一物种的无性阶段和有性阶段必须有单独的名称，并且在考虑该物种所有的阶段（全型）时，用于该种的名称必须具一个有性型模式。随着来自培养物和分子分析的新数据与越来越多的无性阶段与其相应的有性阶段联系起来，早在1991年，一些菌物学家就认为需要这种"双重命名法"的时代已经过去了，经过无数次的争辩和讨论，菌物学界变得越来越赞成放弃它，最终在2011年的墨尔本大会上做出了正式决定。因此，当大会最后一次全体会议表决接受命名法分会的决定时，双重命名系统于2011年7月30日宣告结束。一个具有特定界定、位置和等级的科或以下等级的菌物分类群现在只能有一个正确名称，即遵循与根据《法规》处理的其他有机体名称相同的规则（条款11.1）。重要的是，双重命名法不仅已经被放弃，而且它的放弃可以追溯至1753年，所以现在它好像从未存在过。这意味着所有名称，无论其合格发表的有效出版日期，无论模式是无性型还是有性型，只要它们应用于同一个分类群，都会相互竞争。正如你可能猜到的那样，这有可能潜在地导致相当大的命名中断，广泛和（或）传统使用的名称变为不正确，而很少使用和（或）模糊不清的名称变为正确。

考虑到上述问题，墨尔本大会还引入了提交菌物名称清单以批量保护（条款F.2）或废弃（条款F.7）的机制，以服务命名的稳定性。请注意，这些规定不仅适用于具有多型生活史的菌物的名称，而且适用于所有被处理为菌物的有机体的名称。2017年深圳大会扩展了这些规定的范围，不仅包括地衣型真菌（最初被排除在外）的名称，还将保护名称处理为针对竞争的未列出的异名或同名及列出的名称而保留。更多信息见第八章。

墨尔本大会还引入了一项规则，防止一个发表给菌物特定的有性阶段的名称根据条款52为不合法，如果它由于在原白中包括了可归于一个不同的有性阶段的模式而成为发表时命名上多余的。如果该名称除此之外是合法的，那么，无论模式是无性型还是有性型，它竞争优先权。这条规则（条款

F.8.1）仅适用于2013年前发表的非地衣型的子囊菌门和担子菌门的名称。

作者引用

在2018年的圣胡安大会上，对菌物名称引入了一种作者引用的新方法（条款F.10.1和辅则10A.1）。在原白之后，可使用由一个认可的存储库颁发的识别码代替一个作者引用，例如，*Astrothelium meristosporoides* (P. M. McCarthy & Vongshew.) Aptroot & Lücking可以替代引用为*Astrothelium meristosporoides* [MB#816706]。作者引用的两种方法都是允许的。

化　石

定义

化石材料与非化石材料的区别在于最初发现之处的地层学关系。《法规》确立非化石状态为默认状态，即除非其模式是化石来源，否则，一个名称被处理为属于非化石分类群。对于非化石分类的规定适用于地层学关系有疑问的情况，也适用于所有硅藻。这些规则均见条款13.3。术语"fossil-taxon〔化石分类群〕"（用连字符连接）被定义为一个名称基于一化石模式的分类群（硅藻分类群除外），并且是如在该分类群的原始或任何后续的描述或特征集要中所指明的由包括的亲本有机体在一个或多个保存状态下的一个或多个部分，或其一个或多个生活史阶段的遗骸组成。

硅　藻

注意，根据《法规》，硅藻总是处理为非化石分类群，即使它们被发现在化石环境。因此，对于化石分类群的规定不适用于硅藻。换句话说，对于藻类的规定适用于硅藻（见第103~107页）。

命名起点

对于所有类群的化石有机体的命名起点是1820年12月31日，即*Versuch* …

der Flora der Vorwelt, Heft 1（Sternberg，1820）。

优先权

化石分类群的名称仅与基于化石模式的名称竞争优先权（条款11.7）；它们不与基于非化石模式的名称竞争。在处理为非化石分类群的异名时，基于非化石模式的名称被视为较相同等级上基于化石模式的名称有优先权（条款11.8）。为了阐明这一点，*Platycarya* Siebold & Zucc. 1843是一个非化石属的名称，*Petrophiloides* Bowerb. 1840是一个化石属的名称。这两个名称可能都是正确的，除非它们被处理为是同一非化石属的异模式异名，在这种情况下，名称*Platycarya*是正确的，尽管*Petrophiloides*是更早的名称。

这些规则不影响同名性。无论模式是化石、非化石，或二者兼有，每一个晚出同名都是不合法的（条款11注释5）。例如基于非化石模式的*Cornus paucinervis* Hance 1881是基于化石模式的*C. paucinervis* Heer 1859的不合法晚出同名。

合格化描述或特征集要的语言

化石分类群在执行涉及合格化描述和特征集要的规则上有不同于其他分类群的日期。对于一个1996年以前发表的新化石分类群，描述或特征集要可以是任何语言，但是1996年1月1日以后必须是拉丁文或英文（条款43.1）。

合格化图示

对于1912年1月1日或之后发表的一个新的化石属或更低等级的化石分类群的名称的合格发表，除描述或特征集要外，图示是必须的（条款43.2）。名称必须伴有一幅显示重要特征的图示或图，或引证一幅之前有效发表的显示重要特征的图示或图。就此目的，在一个化石属或化石属的次级划分的名称情形下，引用或引证一个1912年1月1日或之后合格发表的化石种的名称即足够。此外，除非至少合格化图示之一确定代表模式标本，否则，一个2001年1月1日或之后发表的化石种或种下化石分类群的名称不是合格发表的（条款43.3）。

模式

一个种或较低等级的化石分类群的名称的模式总是一份标本（条款8.5）。这里是指主模式、后选模式、新模式或保留模式。附加模式排除在这一规则外，而它可以是标本或图示。

一个化石种或种下化石分类群的主模式或后选模式是一份为合格化图示的标本。如果2001年之前发表的此类名称的原白中，指明了一个模式标本，但并未在合格化图示中识别，则必须从原白中绘制图示的标本中指定一个后选模式。如果能证明原始模式标本与另一幅合格化图示一致，则该选择被取代（条款9.15）。

注册

也请注意，条款F.5要求的菌物注册也适用于化石菌物，即，2013年1月1日或之后发表的所有新名称的原白中（条款F.5.1），或与2019年1月1日或之后发表的所有模式指定（条款F.5.4；见第109~110页），必须引用一个由认可的存储库颁发的识别码（一个鉴别性数字或代码）。如果未引用这样的识别码，新名称未被合格发表，或模式指定不是有效的。在此，模式指定是指该名称的原白之后做出的模式指定，即后选模式、新模式、附加模式或其对于属或属内次级区分而言的等同者。

尽管已建立一项机制（条款42），使命名存储库根据《法规》变得被认可，但是，对于化石藻类和化石植物的名称，注册还不是强制的（见第36~37页）。

式样分类群

虽然化石类群和非化石类群的命名本质上没有区别，但是，这两种类型的分类群本质上有根本的差别。这是因为大部分的化石仅代表有机体的一个部分或个别生活史阶段，且可能以显示不同层次分类信息的不同方式保存。因此，古生物学家倾向于承认碎片化石的分类群；识别出整个大型化石有机体的分类群是非常罕见的。为了反映这一点，在《墨尔本法规》之前，化石可以被处理为一个式样分类群，就其命名而言，它只包含由相应的命名模式代表的一个部分、一个生活史阶段或一种保存状态。而且，就优先权而言，式样分类群的名称仅与基于代表相同部分、生活史阶段或保存状态的化石模式的名称竞争。这个系统是有问题的，在于那个命名规定对本应是纯粹的分类学决定造成了冲击。因此，《墨尔本法规》决定放弃式样分类群而引入一个新的概念"化石分类群"（它可以是诸如化石属、种下化石分类群等，因此用连字符连接）。与一个式样分类群相似，一个化石分类群可以代表一个不同的部分、生活史阶段或保存状态，但它与式样分类群的不同在于其界定不限于一个部分、阶段或状态。如果做出一个分类学决定组合代表不同部分（如花粉和花）或不同保存状态（如压型化石或石化化石）的化石群类群，那么它完全可以这么做。如果做出了那样的分类决定，则不同名称根据条款11以通常方式竞争优先权。然而，如果保持其独立性可更好地服务于分类学的话，没有要求对这些化石分类群进行合并。例如，即使花粉是从花化石发现的，只有在能毫无疑问地证明花粉化石种的模式仅来自代表相同的生物物种的花化石种的模式时，才会有理由将花粉化石种和花化石种进行合并。也许最好还是保持花粉化石种和花化石种的分离，例如，如果能显示花粉化石种产生于不同的花化石种，甚至可能是不同的花化石属。这些是应由古生物学家而不是由《法规》做出的分类决定。

杂　　种

　　与其他有性繁殖的个体一样，杂交个体包含来自亲本双方的遗传物质，但是，在这种情况下，这些亲本被认为属于不同的分类群。许多分类群被一些科学家解释为杂种，但被其他科学家认为是非杂种。杂交是进化过程的一部分，能够繁殖的多倍体杂种最终会丧失额外的染色体，成为二倍体物种。这种本质上表现得像"正常"物种的杂种，与自然界中亲本物种偶尔共存的杂交个体及在栽培中通过亲本物种的有意杂交而产生的人工杂交个体是非常不同的。

　　《法规》为杂种提供了两种表达方式。一种是使用杂种表达式，例如，*Agrostis* × *Polypogon*、*Agrostis stolonifera* × *Polypogon monspeliensis* 和 *Polypodium vulgare* subsp. *prionodes* × *P. vulgare* subsp. *vulgare*。另一种方式是使用杂种名称，例如，× *Agropogon*、× *Agropogon littoralis* 和 *Polypodium vulgare* nothosubsp. *Mantoniae*（它们分别对应于前述三个杂种表达式）。在《法规》以前数个版本中，命名杂种的规定被置于附录I中，但是在《深圳法规》中它们构成第F章。

　　注意一条重要规则（条款H.3.2）：除非已知或可推定至少一个亲本分类

群，否则，不能指定一个杂交分类群。如果你有一个新分类群，你怀疑它可能是一个杂种，但你甚至不能推定一个亲本，你就不能把它描述为一个杂种分类群。然而，你可以把它描述为一个常规的非杂交分类群。

一些命名杂种的规则主要适用于栽培有机体，如三个或更多个属之间的杂种（在兰科植物中尤其普遍）。杂交属的名称只需要有效发表，伴随一个亲本陈述，而不需要描述或特征集要或模式。在命名属或种下分类群之间的杂种时，规则变得更加复杂，特别是当（推定的）亲本是处于不同等级的分类群时。

我个人的倾向是避免发表杂种的名称，除非该杂种在自然界中频繁出现，并由其亲本杂交反复产生或其本身能够繁殖。在仅知一个或几个个体的情况下，特别是如果该杂种不能或不太可能再出现或再产生或仅存在于栽培中，在我看来，发表一个杂种的名称似乎是没有必要的，甚至可能是不科学的。杂种表达式虽然有点麻烦，但它避免了遵循有关发表名称的复杂规则的需要，而且因为它表达了已知的或推定的亲本，不管怎样，它具有更多的信息。

下面简要总结了关于杂种名称的主要规则。详细细节可见第F章。

- **指明一个杂种**。一个杂种可通过使用乘号（×）或通过添加前缀"notho-"或"n-"（源自希腊文νόθος，*nothos*，杂交）至分类群的等级指示术语，例如，nothovar.〔杂交变种〕、nothosubsp.〔杂交亚种〕、nothosect.〔杂交组〕。

- **杂交分类群的等级**。杂交分类群的主要等级是杂交属和杂交种。这些等级与属和种相同（条款3.2）。除了杂交属是允许的最高等级外，杂交分类群的从属等于与非杂交分类群一样（条款4.4）。杂交分类群的合适等级是其亲本分类群的等级或是这些等级中最低的那个（条款H.5）。

- **杂种表达式**。一个杂种可以用一个将乘号（×）放置在亲本分类群之间的杂种表达式表示（条款H.2.1）。指定杂种的表达式不应视为种名（条款23.6d）。

- **杂种的名称**。作为一种选择，一个杂种可以接受一个名称（条款H.3.1），后者必须被合格发表。

- **杂交属和杂交属内次级区分**。为了合格发表，在属或属内次级区分等级的杂交分类群的名称必须是有效发表的，并伴随亲本属或属内次级区分的陈述（条款H9.1）。不需要描述或特征集要，也不要模式。名称或加词被称为"简化表达式"，其中由源自两个或多个亲本分类群正确的属名或次级划分加词的成分组合而成，例如，×*Agropogon*给予*Agrostis*和*Polypogon*之间杂种，或，*Ptilostemon* nothosect. *Platon*给予*P.* sect. *Platyrhaphium*和*P.* sect. *Ptilostemon*之间的杂种（条款H.6~H.8）。

● **杂交种和种下杂交分类群**。为了合格发表，种或以下等级的杂交分类群的名称必须遵循与相同等级的非杂交分类群的相同规则（条款32.4和H.10.1）。此外，至少一个亲本分类群必须是已知或被推定（条款H.3.2）。

● **优先权**。给予杂种的名称遵循与同等等级的非杂交分类群相同的规则（条款11.9）。

● **杂种或非杂种之间的同名性或异名性**。就同名性或异名性而言，忽略称号和前缀"notho-"（条款H.3.3），例如，×*Hordelymus* Bachteev & Darevsk. 1950是 *Hordelymus* (Jess.) Harz 1885的晚出同名；这些名称分别应用于一个杂交属和一个非杂交属。注意，前一个名称是一个简化表达式（条款H.6），而后者不是。仅仅因为一个属名类似于一个简化表达式，并不一定意味着它是一个杂交属的名称。

● **杂种与非杂种类别之间的转移**。当一个种或以下等级的分类群从非杂种类别转移至杂种类别时，或相反，作者引用保持不变，但可跟随在括号中指明原类别，例如*Stachys* × *ambigua* Sm. (pro sp.)，*Salix glaucops* Andersson (pro hybr.)，这里，缩写代表分别是"作为种"和 "作为杂种"的*pro specie*和 *pro hybrida* (条款50.1)。

《法规》未涵盖的类群

在本节讨论几种法规时，为了精确起见，也为了避免重复冗长的标题，我将把《国际藻类、菌物和植物命名法规》称为《深圳法规》。

《深圳法规》涵盖哪些类群

2011年的墨尔本大会将《国际植物命名法规》的标题更改为《国际藻类、菌物和植物命名法规》，这反映了一种观点，特别是菌物学家的观点，即"植物的〔botanical〕"、"植物学家〔botanist〕"、"植物学〔botany〕"和"植物〔plant〕"是有歧义的，且可能意味着仅涵盖维管植物、苔藓植物，或许也涵盖绿藻，但并不涵盖传统上与"植物"一并包含在《法规》的早期版本中的菌物和其他各种藻类。现在，导言8使它变得清晰，《法规》适用于传统上处理为藻类、菌物或植物的所有有机体（无论是化石或非化石），包括蓝绿藻（蓝细菌）、壶菌、卵菌、黏菌类和光合原生生物及在分类上与其近缘的非光合类群（但微孢子虫除外）。

专化型（formae speciales）是以对不同寄主的不同适应性为特征的寄生生物（特别是菌物），其命名不受《深圳法规》管辖（条款4注释4）。

哪些法规管辖《深圳法规》并不管辖的类群

动物（包括微孢子虫）的命名由《国际动物命名法规》管辖（International Commission on Zoological Nomenclature, 1999）；原核生物（细菌等）的命名由《国际原核生物命名法规》管辖（Parker & al., 2019）；病毒的命名由《国际病毒分类与命名法规》管辖（International Committee on Taxonomy of Viruses, 2018）；在农业、林业和园艺上的品种和其他特定类别的有机体的命名由《国际栽培植物命名法规》管辖（Brickell & al., 2016）。

最初但非现在归隶于《深圳法规》并不涵盖的类群的分类群

请注意，《深圳法规》适用于当前处理为藻类、菌物或植物的分类群，即使这些分类群最初归隶于现由其他法规涵盖的其他类群（原则I）。一个分类群如果最初归隶于其他类群之一，但现在处理为藻类、菌物或植物，只要最初的发表满足根据《深圳法规》对合格发表的要求，其名称是合格发表的。但在某些情况下，这些要求并没有得到满足。当一个最初归隶于其他类群的分类群处理为属于藻类和菌物时，一些额外的容忍度是允许的：在这种情况下，该名称只需要满足相关的其他法规中对相当于根据《深圳法规》的合格发表的地位的要求。*Petalodinium* Cachon & Cachon-Enj.是发表给甲藻类的一个属（Cachon & Cachon, 1969: 16）。根据《国际动物命名法规》，该名称是可用的，即相当于合格发表的地位。当该属被处理为属于藻类时，该名称根据《深圳法规》是合格发表，即使原始发表中缺乏拉丁文描述或特征集要（更多细节见条款45）。

蓝绿藻（蓝细菌）

蓝绿藻（蓝细菌〔*Cyanobacteria*〕，蓝藻门〔*Cyanophyta*〕，蓝原核生物〔cyanoprokaryotes〕）面临着问题，因为其命名不仅受《深圳法规》管

辖，还受《国际原核生物命名法规》（ICNP）管辖，在后者总则5的注释中
写明 "'原核生物'涵盖那些有不同认知的有机体，例如，裂殖菌纲、[......]裂
殖藻纲、蓝藻纲和蓝细菌"。

此外，《深圳法规》的条款45.1（见前一段落）在《国际原核生物命
名法规》中没有得到回应。因为两个法规以不同的方式工作，结果造成一
种混乱的状况。对此已有讨论，例如，Oren & Tindall（2005）和Oren &
al.（2009）。

跨法规的同名性

《深圳法规》中有关不合法晚出同名的规则并不考虑由其他法规管辖的
有机体的名称。例如，植物的属名*Pieris* D. Don 1804（杜鹃花科）是动物的
属名*Pieris* Schrank 1801（鳞翅目）的晚出同名，但是，它并不因这个原因而
不合法。然而，存在以下例外情形：
- 曾经被处理为藻类、菌物和植物的分类群的名称的晚出同名是不合法的，
  即使这些类群已被归隶于《深圳法规》对其并不适用的不同有机体类群
  （条款54.1a）。应用于一个《深圳法规》涵盖的有机体且据其为合格发
  表，但是最初发表给不是藻类、菌物和植物的分类群（即根据其他法规发
  表的）的名称是不合法的，如果它：
    ○ 根据其他法规通常因为同名性为不可用（条款54.1b1）。
    ○ 当其应用于首次处理为藻类、菌物或植物的分类群时，成为藻类、菌
      物或植物的名称的晚出同名（条款54.1b2）。
- 如果属名的拼写与之前发表的根据《国际栽培植物命名法规》建立的嫁接
  杂合体"名称"完全一致时，则处理为不合法名称（条款54.1c）。现在已知
  仅建立10个这样的"名称"；它们已被McNeill & al.（2016）列出。
- 如果它是一个原核生物或原生动物的名称的晚出同名，2019年1月1日或之
  后发表的处理为菌物的名称是不合法的（条款F.6.1）。相反，《国际原核
  生物命名法规》的规则51b4声明，一个原核生物的名称如果是一个原核生
  物、菌物、藻类、原生动物或细菌的晚出同名，则它是不合法的。

栽培植物

当认为根据《国际栽培植物命名法规》（ICNCP）处理一个分类群合适时，根据《深圳法规》发表的名称中的加词保留为品种加词。它们不与如同一个等级指示术语的"cv."（品种）一起书写；除非语言习惯另有要求，否则它们要被包括在单引号内（条款28注释4），并且首字母大写，例如，当 *Mahonia japonica* DC.处理为一个品种时，变为 *Mahonia* 'Japonica'，而不是 "*Mahonia* cv. *japonica*"；*Taxus baccata* var. *variegata* Weston变为 *Taxus baccata* 'Variegata'，而不是 "*Taxus baccata* cv. *variegata*"。

《国际栽培植物命名法规》也规定加词的建立显著不同于根据《深圳法规》提供的加词，例如，*Camellia* 'Shōjō-no-mai'、*Cedrus libani* subsp. *atlantica* 'Mt St Catherine'、*Geranium pratense* 'Mrs Kendall Clark'和*Helianthus annuus* 'E9730LM'。

第十二章 《法规》中的重要日期

1753年5月1日

藻类（有例外；条款13.1e）、**苔藓植物**（泥炭藓科*Sphagnaceae*和苔纲*Hepaticae*，包括角苔纲*Anthocerotae*；条款13.1c）、**菌物**（条款F.1.1）和**维管植物**（条款13.1a）的命名起点。*Species plantarum*, ed. 1（Linnaeus，1753）。发表于命名起点前的名称无一是合格发表的。

1789年8月4日

维管植物（条款13.1a）和**某些苔藓植物**（泥炭藓科〔*Sphagnaceae*〕和苔纲〔*Hepaticae*〕，包括角苔纲〔*Anthocerotae*〕；条款13.1c）**的属以上名称的命名起点**。*Genera plantarum*（Jussieu，1789）。

1801年1月1日

苔藓植物（藓纲，泥炭藓科除外；条款13.1b）的命名起点。*Species muscorum frondosorum*（Hedwig，1801）。

1820年12月31日

化石的命名起点（条款13.1f）。*Versuch ... der Flora der Vorwelt*, Heft 1（Sternberg，1820）。

1848年1月1日

某些藻类的命名起点（鼓藻科；条款13.1e）。*The British Desmidieae*（Ralfs，1848）。

1886年1月1日

某些藻类的命名起点（异形念珠藻类；条款13.1e）。"Revision des Nostocacees heterocystees"（Bornet & Flahault，1886~1888）。

1887年1月1日

属以上等级的指明。发表于1887年1月1日或之后的属以上名称的词尾可接受为指明等级（条款37.2）（如-*aceae*指示科的等级，-*eae*指示族的等级），尽管任何明确指定的等级优先，而且适用等级次序的规则（条款5.1和37.6~37.8）。1887年前，此类词尾不能指明等级。

1890年1月1日

变种是默认的种下等级。如果一个1890年前的出版物仅使用一个种下等级，那个等级则认为是变种，除非作者另有指示。在这些早期的出版物中，引用种下分类群而不使用等级指示术语是很常见的，如"β. *glabra*"、"γ. *intermedia*"（条款37.4）。1890年往后的出版物通常会指明等级；如果他们不那么做，名称是合格发表的，但是无等级（但仅1953年1月1日前，见该处）。

1892年1月1日

某些藻类的命名起点（同胞念珠藻类；条款13.1e）。"Monographie des Oscillariees"（Gomont，1892~1893）。

1900年1月1日

某些藻类的命名起点（间生藻科；条款13.1e）。"Monographie und Iconographie der Oedogoniaceen"（Hirn，1900）。

1908年1月1日

具分解图的图示。即使仅伴随一幅具分解图的图示，即没有书写或引证的描述或特征集要，1908年之前发表的某些新分类群的名称（条款38.7和38.8；有关分解图见条款38.9和38.10），也可以是合格发表的。在1908年1月1日或之后发表的此类名称是不合格发表的。

1912年1月1日

拉丁文专业术语作为属名。1912年前发表的一个新属的名称可与发表时正在使用的一个拉丁文专业术语一致（如*Radicula*，*Tuber*），只要它伴随一个符合林奈双名系统（条款20.2）的种名，即双名法种名。1912年1月1日或之后发表的此类名称不是合格发表的。

化石分类群名称的合格化图示。1912年1月1日或之后的一个属级或之下等级的化石分类群的名称合格发表必须有或引证一幅合格化图示（条款43.2）。一幅合格化图示是显示其基本特征的图示或图。

1921年1月1日和1935年1月1日

模式选择的很大程度上机械的方法。如果条款10.7c~f给出的任一标准适用，1921年以前出版的一个出版物是采用一种很大程度上机械的模式选择方法；如果条款10.7a和b中任一标准适用，1935年以前出版的出版物也是如此；但是如果作者明确声明他们没有使用这种方法，那么这种声明应予以接受。

1935年1月1日至2011年12月31日

菌物和植物的名称需要拉丁文。除非伴有或引证一个拉丁文描述或特征集要，否则，在1935年1月1日至2011年12月31日（均含）之间发表的一个菌物和植物（不是藻类和化石）新分类群的名称是不合格发表的（条款39.1）。该引证在1953年以前可以是间接的，但1953年1月1日或之后必须是完整而直接的（见该处）。

1953年1月1日

有效出版物。1953年1月1日或之后发行的下列类型的材料不是有效发表的：擦不掉的手写体（条款30.5），商业目录或非学术性报纸（条款30.7），伴随标本的印刷品（条款30.8）和为获得学位而提交给大学或其他教育机构的某些论文（条款30.9）。

互用名称。1953年1月1日或之后发表的互用名称是不合格发表的（条款36.3）。在这个意义上，它们被定义为基于相同模式的两个或多个不同名称且被同一作者在同一出版物中同时接受为同一分类群的互用名称。这与条款18.6批准的互用科名具有不同的意义。

指明等级。除非清楚指明有关分类群的等级，否则，一个1953年1月1日或之后发表的名称是不合格发表的（条款37.1）。1953年之前发表的此类名称是合格发表的，但无等级（条款37.3）。

完整而直接引证基名或被替代异名。除非对基名或被替代异名的引证是完整而直接的，否则，一个1953年1月1日或之后发表的新组合、新等级名称或替代名称是不合格发表的（条款41.5，也见条款41.6和41.8）；然而，对于1953年之前发表的名称，引证可以是直接的或间接的（条款41.3，也见条款41.4）。

完整而直接引证较早的描述或特征集要。当一个新分类群的名称的原白为包括该分类群的描述或特征集要时，它可引证一个之前且有效发表的描述或特征集要代替（条款38.1a）。如果该名称发表于1953年1月1日或之后，该引证必须是完整而直接的，否则，该名称是不合格发表的，然而，对于1953年之前发表的名称，该引证可以是直接的或间接的（条款38.13）。

1954年1月1日

确定一个名称保留或保护的日期。1954年前，一个名称保留生效于由相关国际植物学大会做出保留提案的决定的日期（条款14.15，日期间条款14注释4）。1954年1月1日或之后，一个名称的保留或保护生效于有效发表的总委员会批准保留或保护提案的日期（条款14.15）。

1958年1月1日

指明模式。除非指明名称的模式，否则，一个1958年1月1日或之后发表的属级或以下等级的名称是不合格发表的（条款40.1）。

藻类名称的合格化图示。对于1958年1月1日或之后的种级或以下等级的藻类（化石除外）新分类群的名称的合格发表，一幅合格化图示或引证一幅合格化图示是必须的（条款44.2）。一副合格化图示是显示其独特形态特征的图示或图。

1958年1月1日至2011年12月31日

拉丁文对藻类名称的要求。除非伴有或完整而直接地引证一个拉丁文描述或特征集要引证，否则，一个在1958年1月1日至2011年12月31日之间（均含）发表的藻类新分类群的名称是不合格发表的。

1973年1月1日

有效出版物。1973年1月1日或之后发行的种子交换清单不是有效出版物（条款30.7）。

合格发表的要求未同时满足。1973年1月1日或之后，未同时满足《法规》对于合格发表的所有有关要求的名称欲合格发表则必须给出对之前满足这些要求之处的完整而直接引证。1973年之前，此类名称在满足这些要求的最后一个条件时被合格发表。

1990年1月1日

书写"*typus*"或"*holotypus*"。 1990年1月1日或之后，指明一个属或以下等级的名称的模式必须包括单词"*typus*"或"*holotypus*"之一，或其缩写，或其在现代语言中的等同语（条款40.6）。否则，该名称是不合格发表的。

指明主模式的标本馆。1990年1月1日或之后，指定一份标本或一幅未发表的图示为一个种或种下分类群的名称的主模式时，必须指定该模式保存的单一标本馆、收藏机构或研究机构（条款40.7）。否则，该名称是不合格发表的。

指明后选模式、新模式或附加模式的标本馆。1990年1月1日或之后，指定一份标本或一幅图示为一个种或种下分类群的名称的后选模式或新模式，必须指明该模式保存的标本馆、收藏机构或研究机构（条款9.22）。同样适用于在1993年东京大会上引入《法规》的附加模式（条款9.21）。未能遵守这些规则将导致一个无效的模式指定。

1996年1月1日

对化石分类群名称的拉丁文或英文要求。除非伴有或完整而直接地引证一个拉丁文或英文描述或特征集要，否则，一个1996年1月1日或之后发表的新化石分类群的名称是不合格发表的（条款43.1）。

2001年1月1日

书写"*lectotypus*"、"*neotypus*"或"*epitypus*"。2001年1月1日或之后，指定一个种或种下分类群名称的后选模式、新模式或附加模式，必须使用单词"*lectotypus*"、"*neotypus*"或"*epitypus*"，或其缩写，或其在现代语言中的等同语（条款9.23）。否则，该模式指定是无效的。

书写"designated here"。2001年1月1日或之后，指定一个后选模式、新模式或附加模式必须包括短语"designated here"（*hic designatus*，此处指定）或一个等同语（条款7.11）。同样适用于一个属或属的次级区分的名称的相应模式的指定；它不适用于指明一个新分类群名称的模式。未能遵守这个规则将导致一个无效的模式指定。

确认合格化图示为模式。除非至少合格化图示之一被确认代表模式标本，否则，2001年1月1日或之后发表的一个新化石分类群的名称是不合格发表的（条款43.3）。2001年之前，在原白中指明了模式标本但未在合格化图示中识别时，必须从原白中绘制图示的标本中指定一个后选模式（条款9.15）。

2007年1月1日

图示作为模式。2007年之前，一个种或以下等级的新分类群的名称的模式可以是一幅图示。2007年1月1日或之后，对于这样的一个名称要想合格发表，模式必须是一份标本（某些情形下的非化石微小的藻类和非化石微型菌物除外）（条款40.4和40.5）。

引用基名和被替代异名。除非引用其基名或被替代异名，否则，2007年1月1日或之后发表的新组合、新等级名称或替代名称不是合格发表的（条款41.5）。这意味着该基名或被替代异名必须实际出现在文本中；仅暗示它（如通过仅引用其作者和发表之处）是不够的。

2012年1月1日

拉丁文或英文的要求现在通用。除非伴有或完整而直接地引证一个拉丁文或英文描述或特征集要，一个2012年1月1日或之后发表的（藻类、菌物或植物，无论是化石或非化石）新分类群的名称（条款39.2）（对于化石分类群的名称，该情况从1996年1月1日起就已开始了）。

有效的电子出版物。只要它是以移动文档格式（PDF）发表在具有国际标准连续出版物号（ISSN）或国际标准书号（ISBN）的在线出版物中，2012年1月1日或之后发行的电子材料为有效出版物（条款29.1）。2012年之前发行的电子材料不是有效出版物（条款29注释1）。

2013年1月1日

菌物名称的注册。除非在原白中引用由一个认可的存储库颁发的识别码，否则，发表在2013年1月1日或之后的处理为菌物（包括化石菌物）的有机体的名称是不合格发表的（条款F.5.1）。这包括新分类群的名称、新组合、新等级名称和替代名称。

具多型生活史的菌物的名称。如果它由于在原白中包括可归于一个不同的有性阶段的模式而成为发表时在命名上多余的，为避免根据条款52为不合法，2013年之前为一个菌物的特定有性阶段发表的非地衣型的子囊菌门或担子菌门的名称是受保护的（条款F.8.1）。

2019年1月1日

培养物作为模式。只要它是保存在代谢不活跃状态下，一个藻类和菌物的名称的模式可以是一个培养物（条款8.4）。除非在原白中包括该培养物保存在代谢不活跃状态下的陈述，否则，一个发表在2019年1月1日或之后具有这样一个模式的新的种或种下分类群的名称是不合格发表的（条款40.8）。

对菌物名称的模式指定的注册。2019年1月1日或之后，为处理为菌物（包括化石菌物）的有机体的名称指定的后选模式、新模式或附加模式必须引用由一个认可的存储库颁发给该模式标定的标识码（条款F.5.4）。这同样适用于相当的属或属内次级区分的名称的模式指定。未能遵守这个规则将导致一个无效的模式指定。

菌物的同名。如果它是一个原核生物或原生动物名称的晚出同名，2019年1月1日或之后发表的处理为菌物（包括化石菌物）的分类群的名称是不合法的（条款F.6.1）。

第十三章 如何更改《法规》

藻类、菌物和植物的命名法实质上是一个涉及国际合作的民主决策过程。该《法规》的权威性源自国际共识，其中世界各地的大多数使用者自愿同意遵守这些规则。因此，在修正《法规》时，采用类似的民主程序是合适的。该《法规》包含了如何修改的详细规则，称为"管理《法规》"，并形成其第三篇。以下各节描述了该过程：谁可以提出对《法规》的修正案，如何提出修正案，以及如何处理它们；国际植物学大会及其命名法分会（图21，第137页）和命名局；国际菌物学大会及其菌物命名法会议和菌物命名处；以及各种命名委员会的角色。为了提高可读性和减少重复，我在本章中省略了对第三篇具体规程的引证，并使用了以下首字母缩略词：

IBC：国际植物学大会〔International Botanical Congress〕

IMC：国际菌物学大会〔International Mycological Congress〕

两个国际组织特别向《法规》提供后勤和财政支持。国际植物分类学会在其期刊*Taxon*上为发表命名的文章、提案和报告提供媒介；协助IBC命名法分会的准备工作，如初步指导投票；支持命名局成员参加IBC的差旅；支持IBC之后的编辑委员会会议；支持对命名法分会的音频资料的转录，以及随后将其作为会议记录进行编辑和出版；以及出版《法规》本身。国际菌物学联盟在其期刊*IMA Fungus*上为发表菌物命名的文章、提案和报告提供媒介，并支持包括菌物命名会议在内的IMC。

为《法规》工作的实际人员，也就是命名局、菌物命名处、九个常设命名法委员会以及由IBC或IMC任命的任何特殊目的委员会的成员，是自愿付出时间的植物学家、菌物学家和藻类学家。这些个人是选举或任命的（见命名局，第133页）。如果你还不是这个命名学群体的一员，并且希望更积极地参与其中，我鼓励你考虑以下任何一种方法：

● 加入国际植物分类学会（https://www.iaptglobal.org/）或国际菌物学联盟（http://www.ima-mycology.org/）；

- 发表对生物命名有积极影响的材料；
- 参加包括其命名法分会的IBC或包括其菌物命名法会议的IMC；
- 志愿服务于IBC或IMC建立的专门委员会；
- 告知命名局、菌物命名处或（菌物）命名法分会（会议）的提名委员会秘书，你能够并愿意任职于一个常设命名法委员会。

修改《法规》的提案

任何人都可以向期刊*Taxon*提交修改《法规》的提案，或向期刊*IMA Fungus*提交修改第F章的提案。发表的提案由国际命名法使用者群体进行投票，最终由IBC或IMC进行投票。《法规》（第F章除外）只能通过IBC的全体会议对该届IBC命名法分会移送的决议案采取的行动来修改。第F章只能通过IMC的全体会议对该届IBC命名法会议移送的决议案采取的行动来修改。

至少在IBC召开的三年前，在*Taxon*发布公告，开启"修改《法规》的提案"专栏（关于深圳IBC，见Turland & Wiersema，2013）。这些提案不受同行评议，但近年来一直是担任总报告人和副报告人的专栏编辑与提案人密切合作，编辑提案，确保其合乎逻辑，并指出提案人可能没有预见到的任何后果。如果在编辑过程中，不希望的后果变得明显，提案人可撤回提案。提案的截止日期大约比IBC早一年。在最后一份提案发表后，总报告人和副报告人编写一份提案概要，包括他们的意见，也在*Taxon*上发表（深圳IBC，见Turland & Wiersema，2017）。初步指导性投票在IBC召开当年年初进行。为了参加指导性投票，你必须是下列三者之一：①至少一项修订《法规》提案的作者，②国际植物分类学会的个人会员，③常设命名法委员会委员。指导性投票的目的是向IBC的命名法分会建议对提案的支持程度，投票结果将提供给该分会（例如，通过在*Taxon*上发表，见Turland & al.，2017a）。

在准备提案时，你应该小心区分什么是《法规》实际陈述的和你认为它应该陈述的。二者通常会有差异，而这将是你的提案的基础。仔细考虑你的提案的逻辑，并试着预测所有的负面作用；适当处理副作用。请记住，除非受日期限制（原则VI），对《法规》的更改可以追溯至1753年。换句话说，一条新规则实行时好像它一直存在于《法规》中（而《法规》的实行好像它自1753年以来就存在）。论点要简明扼要。冗长的理由可能需要在*Taxon*上发表一篇单独的（且经同行评议的）论文。对于国际学术界是否会同意你的观点，要现实一点。该群体的成员在考虑改变命名规则时往往是保守的。如果你的建议是激进的，你需要非常有说服力——或者让它不那么激进。它不仅必须避免在初步指导性投票中得到75%或更多的"否"票，而且它必须在命名法分会上通过讨论并被接受。

IBC的命名法分会

最近的IBC的形式是包括全体会议、研讨会、专题会议等的主题周，以及在前一周举行的命名法分会。尽管有数千人出席IBC主题周，但通常只有100~300人参加命名法分会。要成为命名法分会的一员并有权对提案进行投票，你需要是IBC的注册会员（无资格要求，只需付费）并亲自出席。

命名法分会由命名局运行，该局由命名法分会的主席、至多5名副主席、总报告人、副报告人和书记员组成。主席主持会议，如有需要，副主席可代替主席，总报告人和副报告人提供有关《法规》的专门知识，书记员负责后勤工作并确保详细记录讨论和决定。这些成员由选举或任命产生：主席由总委员会选举，副主席由命名局任命，总报告人由上一届IBC选举，副报告人由总报告人任命并经总委员会批准，书记员由IBC的组织委员会任命。

命名法分会的主要任务是讨论（必要时进行修改）和表决修改《法规》的提案。此外，总委员会关于过去6年保留、保护或废弃名称的提案、禁止著作的提案以及约束性决定请求的建议，均须经该分会批准。

每位成员有1张个人表决票，也可持有多达14张机构表决票。各研究机构获分配1~7张机构表决票；在命名法分会上，该表决票可由各研究机构授权代表的成员行使。分配给一个机构的表决票数量取决于其分类活跃程度，如在职人员数量、馆藏规模和当前出版物。机构表决票委员会在每次IBC之前对机构名单和分配表决票数量进行更新，并经总委员会批准。希望第一次投票或希望增加或减少其已分配表决票的机构可与总报告人（机构投票委员会主席）联系，并提供有关分类活跃程度的资料。

在命名法分会，需要有合格多数（至少60%）的投票来接受提案或将其提交给编辑委员会，从而影响《法规》的变更。总委员会的建议也可能以同样的合格多数予以否决；否则，他们将被接受。该分会也可将提案指派给特殊目的委员会（见第136页）。在初步指导投票中获得75%或以上"否"的提案会自动被否决，而只涉及例子或术语表的提案会自动提交给编辑委员会，尽管在这两种情况下，提案都可能被重新引入讨论。在讨论过程中，也可以对提案进行修改。

命名法分会也根据主席的提议选出提名委员会。提名委员会准备一份报告，建议下一届IBC的总报告人和任职至下一届IBC的常设命名法委员会委员（由IMC选举产生的菌物命名委员会除外）。

在全体会议（通常是IBC最后一天的闭幕式）上批准后，命名法分会的决定成为IBC的决议；届时，IBC的决定成为正式决定，除非有明确的日期限制，新《法规》的规则将生效。IBC结束后，将在*Taxon*上发布报告，详细说明该分会做出的所有决定和任命（深圳IBC的报告在闭幕式16天后发表，Turland & al.，2017b）。

命名法分会讨论的音频资料被转录成文本，然后进行编辑，在已发表的报告和该分会所作的书面记录的帮助下，编制一份IBC命名法会议记录的完整报告。维也纳和墨尔本IBC的完整报告作为*PhytoKeys*〔《植物钥匙》〕的开放获取卷册在线发表（Flann & al.，2014，2015）。深圳IBC的报告正在准备中 [1]。

命名局

国际植物学大会的命名局由下列工作人员组成：

● 主席〔President〕（命名法分会的，而非整个大会的）。在大会前由总委员会选举。主持命名法分会、召集会议、呼召表决，等等。向主大会的全体会议呈送命名法分会批准的决定和任命的决议案。

● 副主席〔Vice-president〕（至多5位）。由命名法分会任命。如果且需要时代行主席任职。

● 总报告人〔Rapporteur-général〕（常简称报告人）。由上一届大会的命名法分会选举。编辑、汇编成概要、介绍修订《法规》的提案、解释接受或拒绝提案的后果等。主持机构投票委员会。主持编辑委员会编写《法规》的新版本。

● 副报告人〔Vice-rapporteur〕。在不晚于大会的三年前，由总报告人任命并经总委员会批准。协助和在需要时代行总报告人职务。共同编辑修订《法规》的提案，并共同撰写概要。担任编辑委员会秘书。

● 书记员〔Recorder〕。在大会前由大会的组织委员会与总报告人磋商任命。负责命名法分会所需的所有当地设施。记录每个提案的讨论和结果，

1　译者注：深圳大会的报告见: Lindon, H.L., Hartley, H., Knapp, S., Monro, A.M., Turland, N.J. (2020) XIX International Botanical Congress, Shenzhen: report of the Nomenclature Section, 17th to 21st July 2017. *PhytoKeys* 150: 1~276. https://doi.org/10.3897/ phytokeys.150.50687

包括修正案的措辞、收集成员的书面意见，并确保制作记录分会的音频。

国际菌物学大会的菌物命名处由下列工作人员组成，他们与其在国际植物学大会的同行扮演平行的角色：

● 召集人〔Chair〕（菌物命名会议的）。在大会前由菌物命名委员会与总委员会磋商选举。

● 副召集人〔Deputy Chairs〕。由菌物命名处任命。

● 秘书〔Secretary〕。由前一届大会的菌物命名法会议选举。

● 副秘书〔Deputy Secretary〕。在不晚于大会召开前3年，由秘书任命，并由菌物命名委员会与总委员会磋商批准。

● 书记员〔Recorder〕。在大会前由大会组织委员会与秘书协商任命。

IMC的菌物命名法会议

如前所述，《法规》的第F章只能由IMC修改，而《法规》的其余部分只能由IBC修改。修改第F章的程序与上面所述的程序非常相似，但是时间安排比较紧凑，因为IMC每4年举行一次，而IBC每6年举行一次。修改第F章的提案提交给期刊*IMA Fungus*并发表。有一个提案概要（May & Redhead, 2018）和一个初步指导性投票（May & Miller, 2018）。IMC有一个菌物命名法会议（不是"分会"）。这在2018年圣胡安国际会展中心举行一天。因为需要审议的提案少得多（只有18项提案，而深圳IBC有397项提案），所以，会期要短得多。菌物命名处由召集人、副召集人、秘书、副秘书和书记员组成（主席和秘书分别相当于主席和总报告人）。下届IBC总报告人应邀作为无投票权的顾问出席会议。没有机构表决票。会议审议和表决修改第F章的提案，并可授权专门委员会。该会议不就总委员会的建议进行表决；后者只在IBC进行。会议选举由菌物命名法会议提名委员会提名的下届菌物命名法会议的秘书及菌物命名委员会委员。IMC结束后，将在*IMA Fungus*上发表一份报告，详细介绍菌物命名法会议的决定和任命（关于圣胡安IMC，见May & al., 2018）。圣胡安IMC成立了一个菌物特别编辑委员会，来起草第F章的新版本，并在出版前与常规编辑委员会合作，在出版前完成并批准它。

常设命名法委员会

管理《法规》的很大部分工作被委派给常设命名法委员会，包括审议保留、保护或废弃名称的提案以及《法规》的实际编辑。它们如下：
- 总委员会〔General Committee〕；
- 维管植物命名委员会〔Nomenclature Committee for Vascular Plants〕；
- 苔藓植物命名委员会〔Nomenclature Committee for Bryophytes〕；
- 菌物命名委员会〔Nomenclature Committee for Fungi〕；
- 藻类命名委员会〔Nomenclature Committee for Algae〕；
- 化石命名委员会〔Nomenclature Committee for Fossils〕；
- 机构表决票委员会〔Committee on Institutional Votes〕；
- 注册委员会〔Registration Committee〕；
- 编辑委员会〔Editorial Committee〕。

　　这些委员会可以通过他们的秘书联系。国际植物分类学会的网站（https://www.iaptglobal.org/committee-and-reports）上列出了每个委员会的现任委员和工作人员，《法规》的首页也列出了编辑委员会的成员。这些人的联系方式通常可以在标本馆索引中查到（http://sweetgum.nybg.org/science/ih/）。

　　总委员会实际上是在两届IBC之间的6年期间全权管理《法规》的委员会。其行动由上一届IBC授权，其建议需经下一届IBC批准。

　　5个专家委员会（即维管植物、苔藓植物、菌物、藻类和化石命名委员会）的主要任务是对保留、保护或废弃名称的提案、禁止著作的提案和约束性决议的请求进行审议并提出建议。这些专家委员会在Taxon发表报告，就其职权范围内的提案和请求提出建议。总委员会随后审议每一项建议，或批准或推翻，或将其发回专家委员会进一步审议。菌物命名委员会还具有与IMC菌物命名法会议有关的各种功能。

　　机构表决票委员会为即将到来的国际植物学大会维护和更新机构名单及其被分配的表决票。这包括审议希望加入名单的机构的申请，或调整机构的表决票数量。该名单须经总委员会批准，并在大会前发表。

　　注册委员会审议根据《法规》希望成为认可的命名储存库（对于菌物以外的有机体）的申请。它还协助设计和实施此类储存库，监测现有储存库的运行，并向总委员会提出建议。

　　编辑委员会负责根据命名法分会做出并被IBC批准的决定制作新的《法规》。委员会只有在IBC的决定授权时才可以改变《法规》的含义，但是，只要含义保持不变，该委员会可以自由地对规则和辅则的措辞及编排进行编辑调整，并可以添加或删除例子。由IBC提交给编辑委员会的提案可由该委员会酌情处理；它们可以或多或少地或被广泛地修改后吸纳进《法规》中，或被完全忽略。该委员会通常在IBC后的6个月在其委员之一所在的机构举行会议，例如，深圳IBC后在柏林植物园暨植物博物馆举行会议。会议一般持续5个工作日，在此期间，将仔细阅读、讨论和编辑由总报告人和委员会其他委员事先编写的新《法规》草案，同时注意现有文本以及来自IBC的修正案。委员会还提供新的例子来说明新的或缺乏例子的规则，或替代有缺陷的例子。会议以新《法规》的修订版结束，然后，在会议后的几个月里，它被委员会反复阅读和改进。最后，通常在IBC之后的一年出版《法规》的新版本，包括印刷版和在线版。2018年6月26日，深圳IBC闭幕式（2017年7月29日）近11个月后，《深圳法规》出版。国际植物分类学会支持的在线版于2018年6月27日可用（https://doi.org/10.12705/Code.2018）。

2011年墨尔本IBC表决给予编辑委员会可以选择仅以电子形式出版《法规》的附录。虽然《墨尔本法规》的附录以印刷版形式发表（Wiersema & al., 2015a），但是，约翰·维尔塞马（Wiersema & al., 2015b, 2017）还是开发了一个在线数据库，它不仅提供了当时附录的任何部分或全部内容，也给出所有保留或废弃名称的提案、禁止著作的提案以及约束性决议请求的完整历史，即使它们被否决而并未导致附录的更改。该数据库由史密逊国家自然历史博物馆支持（https://naturalhistory2.si.edu/botany/codes-proposals/）。

专门委员会

IBC的命名法分会可以授权特殊目的的委员会研究和讨论复杂事项题。这可能源于某个特定的提案或一组无法在本次分会上解决的提案。总委员会任命专门委员会的委员，该委员会（如果一切顺利的话）最终将提出的解决方案向下一届IBC的命名法分会报告，通常通过在*Taxon*发表一个报告和（或）修改《法规》的提案。例如，在东京、圣路易斯和维也纳的IBC连续设立了3个研究电子出版物的专门委员会。前两个委员会的提案先后被1999年圣路易斯的IBC和2005年维也纳的IBC否决，但第三个委员会的提案被2011年的墨尔本IBC接受，根据《法规》，允许某些电子材料是有效发表的。在墨尔本IBC建立的2个专门委员会导致产生了《深圳法规》全新的第三篇，以及在管理菌物命名法方面的更大自治权，即创建第F章并授权IMC的菌物命名法会议修改它。Wilson（2019）公布了深圳IBC成立的专门委员会及其职责和成员。IMC的菌物命名法会议也有权授权由菌物命名法委员会任命的专门委员会。2018年圣胡安IMC建立了2个专门委员会。

图21 第19届国际植物学大会命名法分会，中国深圳，2017年7月7日。本次分会的决定经大会最后的全体会议批准，产生了《深圳法规》。命名局成员就座于前排（从左至右）：张力，邓云飞（书记员），安娜·M·门罗（书记员助理），约翰·H·维尔塞马（副报告人），尼古拉斯·J·特兰德（总报告人），桑德拉·纳普（主席），蕾妮·H·福尔图纳托，约翰·迈克尔纳，沃纳·格雷特，吉迪恩·F·史密斯和凯伦·L·威尔逊（副主席）。（拍摄者仙湖植物园张力许可复制）

第十四章 《法规》的简要历史

本章内容仅仅是《法规》发展过程的最简洁的概要。截至1954年在巴黎举行的第八届国际植物学大会为止的详细内容见Nicolson（1991）。关于20世纪剩余时间的内容见McNeill（2000）。

18和19世纪

林奈自己起草了一套365条的在一定程度上处理生物命名的原则，即 *Fundamenta botanica*〔《植物学基础》〕（Linnaeus，1735），但是，大多数都随着他的去世而消亡，现已被人遗忘。19世纪初，奥古斯丁·彼拉姆斯·德·堪多尔〔Augustin Pyramus de Candolle〕（1813）在其 *Théorie élémentaire de la botanique*〔《植物学基本理论》〕（Candolle，1813）中提出了优先权的原则。然而，直到半个多世纪后，当奥古斯丁·彼拉姆斯的儿子阿尔方斯·德·堪多尔〔Alphonse de Candolle〕发表其 *Lois de la Nomenclature Botanique*〔《植物命名规则》〕（Candolle，1867）时，一套正式的藻类、菌物和植物的命名规则才形成。堪多尔的《命名法》（法规）是应1867年在巴黎举行的国际植物学大会组织委员会的要求编写，作为讨论命名法中有争议的问题的基础。

分歧与弥合（1905~1930）

基于堪多尔的《命名法》的下一套规则是 *Règles International de la Nomenclature Botanique*（《国际植物命名规则》），产生于1905年在维也纳举行的第二届国际植物学大会（Briquet，1906）。然而，麻烦由此开始。在20世纪的前十年，在1905年的维也纳大会上，许多美国科学家对其欧洲同事在采用模式方法上的迟缓感到沮丧，且对在他们看来是任意地允许保留如此多的属名作为法规的例外而感到不悦（见Briquet，1906: 72~93）。因此，他们决定走另一条道，采用他们自己的一套规则，首先是所谓的"费城法规〔Philadelphia Code〕"（Arthur & al.，1904），然后是《美国植物命名法规》〔*American Code of Botanical Nomenclature*〕（Arthur & al.，1907）。1910年在布鲁塞尔召开的下一届大会制定了新版本的《法规》（Briquet，1912），但它与美国法规之间的分歧依然存在。计划于1915年的伦敦大会因第一次世界大战而被取消。在1926年在伊萨卡举行的下一届大会上，维也纳大会和布鲁塞尔大会的总报告人布里克特〔J.I. Briquet〕发起了一个圆桌会议讨论命名法（Section for Taxonomy，1929），而希奇科克〔A.S. Hitchcock〕在一篇关于命名法与分类学相关性的论文中提出了和解建议（Hitchcock, 1929）。当剑桥大会采用了模式方法并制定了《国际植物命名规则》（Briquet，1935）时，多数美国植物学家和世界其他地区植物学家之间的分歧在1930年已得到弥合。

含糊趋少，细节渐增

1935年的阿姆斯特丹大会并未产生一套正式的《国际规则》的修订，但有非官方的"布雷顿规则〔Brittonia Rules〕"（Camp & al.，1947）以及对之前《剑桥规则》〔*Cambridge Rules*〕迟到的增补（Sprague, 1950）。1950年斯德哥尔摩大会通过了第一个《国际植物命名法规》〔*International Code of Botanical Nomenclature*〕（ICBN）（Lanjouw & al.，1952）。从那时起，《国际植物命名法规》又有了十个版本，模糊性越来越小，详细程度也越来越高，接着是两个版本的《国际藻类、菌物和植物命名法规》，后来的每次大会都通过一个版本的《法规》，并取代之前的所有版本。

表11 国际植物学大会（IBC）及相关的《法规》版本

IBC 届别	IBC 年份	城市	总报告人	副报告人	法规文本	法规 年份
–	1867	巴黎	Candolle, A. L. P. P. de (1806—1893)（报告人）	–	*Lois de la Nomenclature Botanique*〔《植物命名规则》〕（Candolle, 1867）	1867
I	1900	巴黎	–	–	决定在下一届（维也纳）大会上由John Briquet负责修订《植物命名规则》（Perrot, 1900: 453–463）	–
II	1905	维也纳	Briquet, J. I. (1870—1931)（第一总报告人）	–	*Règles Internationales de la Nomenclature Botanique*〔《国际植物命名规则》〕（Briquet, 1906）	1906
–	–	–	–	–	"Phiadelphia Code〔费城法规〕"，接着"*American Code of Botanical Nomenclature*〔《美国植物命名法规》〕（Arthur & al., 1907）（美国法规）	1907
III	1910	布鲁塞尔	Briquet, J. I.	Harms, H. A. T. (1870—1942)（第一副报告人）	*Règles Internationales de la Nomenclature Botanique*〔《国际植物命名规则》〕（Briquet, 1912）	1912
–	1915	伦敦	–	–	大会因第一次世界大战取消	–

续表

IBC 届别	IBC 年份	城市	总报告人	副报告人	法规文本	法规年份
IV	1926	伊萨卡	—	—	未出版《规则》（《法规》）。但是有一个圆桌会议讨论命名法（Section for Taxonomy, 1929）和一篇关于命名与分类相关性的论文（Hitchcock, 1929）	—
V	1930	剑桥	Briquet, J. I.	Harms, H. A. T.	*International Rules of Botanical Nomenclature* 〔《国际植物命名规则》〕（Briquet, 1935）	1935
VI	1935	阿姆斯特丹	Sprague, T. A. (1877—1958)	Harms, H. A. T.	未出版官方的阿姆斯特丹《规则》（《法规》），但有非官方的"布雷顿规则"〔*Brittonia Rules*〕（Camp & al., 1947）以及对之前《剑桥规则》〔*Cambridge Rules*〕迟到的增补（Sprague, 1950）	1947, 1950
VII	1950	斯德哥尔摩	Lanjouw, J. (1902—1984)	Jonker, F. P. (1912—1995)	*International Code of Botanical Nomenclature* 〔《国际植物命名法规》〕（Lanjouw & al., 1952）	1952
VIII	1954	巴黎	Lanjouw, J.	Stafleu, F. A. (1921—1997)	*International Code of Botanical Nomenclature* 〔《国际植物命名法规》（巴黎法规）》〕（Lanjouw & al., 1956）	1956
IX	1959	蒙特利尔	Lanjouw, J.	Stafleu, F. A.	*International Code of Botanical Nomenclature* 〔《国际植物命名法规》〕（Lanjouw & al., 1961）	1961

续表

IBC届别	IBC年份	城市	总报告人	副报告人	法规文本	法规年份
X	1964	爱丁堡	Lanjouw, J.	Stafleu, F.A.	International Code of Botanical Nomenclature〔《国际植物命名法规》〕（Lanjouw & al., 1966）	1966
XI	1969	西雅图	Stafleu, F. A.	Voss, E. G. (1929—2012)	International Code of Botanical Nomenclature〔《国际植物命名法规》〕（Stafleu & al., 1972）	1972
XII	1975	列宁格勒	Stafleu, F. A.	Voss, E. G.	International Code of Botanical Nomenclature〔《国际植物命名法规》〕（Stafleu & al., 1978）	1978
XIII	1981	悉尼	Voss, E. G.	Greuter, W. (1938—)	International Code of Botanical Nomenclature〔《国际植物命名法规》〕（Voss & al., 1983）	1983
XIV	1987	柏林	Greuter, W.	McNeill, J. (1933—)	International Code of Botanical Nomenclature〔《国际植物命名法规》〕（Greuter & al., 1988）	1988
XV	1993	东京	Greuter, W.	McNeill, J.	International Code of Botanical Nomenclature〔《国际植物命名法规》〕（Greuter & al., 1994）	1994
XVI	1999	圣路易斯	Greuter, W.	Hawksworth, D. L. (1946—)	International Code of Botanical Nomenclature〔《国际植物命名法规》〕（Greuter & al., 2000）	2000
XVII	2005	维也纳	McNeill, J.	Turland, N. J. (1966—)	International Code of Botanical Nomenclature〔《国际植物命名法规》〕（McNeill & al., 2006）	2006

续表

IBC 届别	IBC 年份	城市	总报告人	副报告人	法规文本	法规 年份
XVIII	2011	墨尔本	McNeill, J.	Turland, N. J.	International Code of Nomenclature for algae, fungi, and plants〔《国际藻类、菌物和植物命名法规》〕（McNeill & al., 2012）	2012
XIX	2017	深圳	Turland, N. J.	Wiersema, J.H. (1950—)	International Code of Nomenclature for algae, fungi, and plants〔《国际藻类、菌物和植物命名法规》〕（Turland & al., 2018）	2018
XX*	2023	里约热内卢	Turland, N. J.	任命中	—	—

*由于受新型冠状病毒疫情影响，第二十届国际植物学大会已延期至2024年在西班牙马德里举办。Wiersema, J.H.已被任命为副报告人。

第十五章 生物命名的相关资源

在本章中，我提供了一些可供选择的印刷品和在线资源；这些资源对任何从事藻类、菌物或植物的系统学尤其是其命名的学者来说应该是有用的，甚至是必不可少的。这个清单并不全面。我可能忽略了除了英语以外的其他语言的主要资源，尽管这个列表绝不仅限于英语内容。我有意将重点放在命名和书目资源上，而一般避免了那些主要与系统发育、分类学、生物多样性、遗传学或信息技术相关的资源。

印 刷 版

大多数传统上作为生物命名的核心书籍现在都可以在网上免费获得，这些书籍将在第146~151页介绍。当然，这对于能够充分访问互联网的用户来说是非常方便的。对于机构或个人来说，购买纸质书通常很昂贵，或者需要长途跋涉去访问专业图书馆。

《国际藻类、菌物和植物命名法规》〔*International Code of Nomenclature for algae, fungi, and plants*〕，或《深圳法规》〔*Shenzhen Code*〕（Turland & al.，2018）。显然，最基本的书是《法规》的现行版本本身。印刷版由Koeltz Botanical Books（http://www.koeltz.com/product.aspx?pid=212180）出版，在线版本由国际植物分类学会（见第146页）支持。

其他有用的著作如下（按书名的字母顺序排列）：

A primer of botanical Latin with vocabulary 〔《植物学拉丁文入门及词汇》〕（Short & George，2013）。尽管*Botanical Latin* 〔《植物学拉丁文》〕成为标准的参考工具书已经超过50年，但是，它对那些没有基础拉丁语知识的人，不是一个容易的起点。本入门读物与《植物学拉丁文》相互参考，风格较为非正式，包括语法、练习、翻译和175页的拉丁语与英语词汇；如果你

想知道更多的话，你可以用《植物学拉丁文》作为补充。

Botanical Latin〔《植物学拉丁文》〕，现在是其第4版（Stearn，1992），有一西班牙语翻译版*Latín botánico*（Stearn，2006）[1]，几乎包含了人们在系统学中使用拉丁文所需要知道的一切。它将使读者能将分类群的拉丁文描述或特征集要翻译成英语（或西班牙语），反之亦然，且它包含一个内容广泛的拉丁文和英文（和西班牙文）词汇表，呈现了许多专业术语和学名的描述性加词的含义。

Botanico-periodicum-huntianum, ed. 2〔《亨特植物学期刊》第2版〕（缩写BPH-2）。正如TL-2（见下文）处理的是书籍，而期刊则由BPH-2或*Botanico-periodicum-huntianum, ed. 2*（Bridson & al.，2004）处理。条目提供了一个几乎所有"包含植物学内容的期刊"的全面清单，每个期刊标题的标准缩写，期刊的卷册和日期范围，以及同一系列的任何之前或取代的标题。BPH-2包括两卷（A~M和N~Z），也可在线使用（见第149页）。

Fossilium catalogus II: Plantae〔《化石目录II：植物卷》〕。植物化石索引，从1913年的第1册到2016年最新的第114册的系列出版物。目前，除了第1册到第10册可在线获取外，仍然仅有印刷版本（见第148页）。

Index kewensis〔《邱园索引》〕。近年来，学名的印刷版目录基本上已被在线数据库所替代。例如，《邱园索引》（Jackson，1895）及其直至补编第21卷〔*Supplement XXI*〕（Challis & Davies，2002）的21个补编包括了1753年至2002年间发表的种子植物属和种的大部分名称。因为经常需要在数卷中查找，在这些目录中查找名称可能是一个缓慢的过程；例如，如果你发表一个新种的名称，并想要确保那个名称在之前未被使用过。今天，所有这些信息通过国际植物名称索引〔the International Plant Names Index〕（IPNI，见第147~148页）可在线检索，它应优先于印刷版目录使用，因为不仅数据库更新至最新，而且信息更加完整，且许多错误已经得到更正。

Order out of chaos〔《由乱至序》〕。一本非常有用的书是*Order out of chaos: Linnaean plant names and their types*〔《由乱至序：林奈植物名称及其模式》〕（Jarvis, 2007)。该书的第一部分提供了非常详细的关于林奈的材料和方法的描述，并解释选择模式的过程，以使林奈名称能够准确应用。第二部分是林奈发表的9 000余个种和变种的名称及其模式的目录。该目录也可在线获取（见第149页)，并有许多模式标本的图像链接。

1　译者注：秦仁昌基于第2版曾经翻译成中文，即《植物学拉丁文》（上册，1978，下册，1980），科学出版社。

Taxonomic literature, ed. 2〔《分类学文献》第2版〕及其补编，通常称为"TL-2"，包括1753年至1940年期间出版的数千部著作的大量信息（包括一些前林奈时期的材料）。它是按作者安排，给出了标题的标准缩写、准确的出版日期、副本的收藏处、作者的传记细节及其包括模式在内的标本的收藏处。前7卷（Stafleu & Cowan，1976~1988）涵盖了从A到Z的作者；之后的8卷补编（Stafleu & Mennega，1992~2000；Dorr & Nicolson，2008~2009）提供了从A到G的作者中增加的信息。TL-2也可以在线获取（见第149页）。

在 线 版

《法规》

International Code of Nomenclature for algae, fungi, and plants〔《国际藻类、菌物和植物命名法规》〕或*Shenzhen Code*〔《深圳法规》〕（Turland & al.，2018），开放获取版本：https://doi.org/10.12705/Code.2018；另外，国际植物分类学会会员可下载PDF版本：https://www.iaptglobal.org/the-code-pdf。

Appendices of the Shenzhen Code〔《深圳法规》附录〕，按要求提供《法规》任何部分或全部附录的数据库；还包括所有关于保留或废弃名称、禁止著作以及约束决定请求的提案的完整历史，即使它们被否决而未导致附录的更改。由史密逊国家自然历史博物馆支持：https://naturalhistory2.si.edu/botany/codes-proposals/。

《深圳法规》的译本，截至本书写作时（2019年2月）[2]，已出版法语、法英双语、葡萄牙语和西班牙语的译本，更多语言的版本将陆续出版：https://www.iaptglobal.org/shenzhen-code。

《法规》的早期版本及其译本：https://www.iaptglobal.org/previous-codes。

《法规》版本概述，Paul van Rijckevorsel著。可以追溯至*Lois de la Nomenclature Botanique*〔植物命名规则〕（Candolle，1867）的《法规》的所有版本。条款之间的交叉引证采用超链接，连续版本之间的条款也被链接，而《深圳法规》中的书目引用在线链接到这些出版物：https://www.iapt-taxon.

2　译者注：中文版已经出版；邓云飞、张力、李德铢，2021，国际藻类、菌物和植物命名法规（深圳法规），科学出版社。另外，日文翻译版也已于2019年出版。

org/historic/index.htm。

其他命名法规

***Draft BioCode* (2011)**〔《生物法规草案》（2011）〕（Greuter & al.,
2011）：http://www.bionomenclature.net/（见第5~6页）。

International Code of Nomenclature for Cultivated Plants〔《国际栽培植
物命名法规》〕(ICNCP或《栽培植物法规》〔*Cultivated Plant Code*〕，第9
版（Brickell & al.，2016），PDF版本：https://www.ishs.org/sites/default/files/
static/ScriptaHorticulturae_18.pdf（也见https://www.ishs.org/scripta-horticulturae/
international-code-nomenclature-cultivated-plantsninth-edition）。

International Code of Nomenclature of Prokaryotes〔《国际原核生物命名
法规》〕（Parker & al., 2019）：https://doi.org/10.1099/ijsem.0.000778。

International Code of Phylogenetic Nomenclature〔《国际系统发育
法规》〕或*PhyloCode*〔《谱系法规》〕，版本4c（Cantino & Queiroz,
2010）：https://www.ohio.edu/phylocode/（见第6页）。

International Code of Virus Classification and Nomenclature〔《国际细
菌分类与命名法规》〕（International Committee on Taxonomy of Viruses,
2018）：https://talk.ictvonline.org/information/w/ictv-information/383/ictv-code。

International Code of Zoological Nomenclature〔《国际动物命名法规》〕
（ICZN），第4版[3]（International Commission on Zoological Nomenclature,
1999）：http://www.nhm.ac.uk/hostedsites/iczn/code/。

命名索引、存储库和其他数据库

International Plant Names Index〔国际植物名称索引〕（IPNI），组合
了种子植物的《邱园索引》〔*Index kewensis*〕、蕨类植物的《蕨类索引》
〔*Index filicum*〕、哈佛大学标本馆的格雷卡片索引〔the Gray Card Index〕
以及澳大利亚植物名称索引〔the Australian Plant Names Index〕（APNI）：
https://www.ipni.org/。它还包括一个作者数据库，其标准形式基于并更新自
Authors of plant name〔《植物名称的作者》〕（Brummitt & Powell, 1992）：
https://www.ipni.org/ipni/authorsearchpage.do。还有一个完整具标准缩写的出版

3　译者注：中文版已经出版；卜文俊，郑乐怡，2007，国际动物命名法规（第4版），北京：
科学出版社。

物数据库：https://www.ipni.org/ipni/publicationsearchpage.do。

Tropicos，密苏里植物园在线数据库，整合了苔藓索引及植物染色体数目索引（IPCN），它包括具分类接受度数据和异名的名称、模式、标本、图像、出版物，及更多内容：http://www.tropicos.org/。

Index Hepaticarum〔苔类索引〕，有关苔类和角苔（*Marchantiophyta*和*Anthocerotophyta*）的名称：http://www.ville-ge.ch/musinfo/bd/cjb/hepatic/index.php。

Fungal Names〔菌物名称〕、**Index Fungorum**〔菌物索引〕和**MycoBank**〔菌物库〕是三个现有被认可的有关处理为菌物的有机体的命名存储库，提供条款F.5（见第109~110页）强制的名称和模式的注册：菌物名称http://www.fungalinfo.net/，菌物索引http://www.indexfungorum.org/，菌物库http://www.mycobank.org/。

AlgaeBase〔藻类库〕（http://www.algaebase.org/）和**DiatomBase**〔硅藻库〕（http://www.diatombase.org/）是全球藻类分类、命名和分布信息的数据库。

Index Nominum Algarum〔藻类名称索引〕，有关藻类的名称：http://ucjeps.berkeley.edu/INA.html。

PhycoBank〔藻类库〕，藻类命名行为（新名称和模式）的自愿注册：https://www.phycobank.org/。

Catalogue of Life〔生命编目〕，一个跨界数据库，允许同时搜索覆盖藻类、菌物、植物、动物、原核生物和病毒的其他数据资源。它号称是目前可获得的最全面、最权威的全球物种索引，拥有超过180万个物种的名称、亲缘关系和分布信息（2019年2月）：http://www.catalogueoflife.org/。

Fossilium catalogus II: Plantae〔《化石目录II：植物卷》〕（见第145页），第1册（1913）至第10册（1922）通过生物多样性遗产图书馆可在线获取：https://www.biodiversitylibrary.org/bibliography/146191#summary。

International Fossil Plant Names Index〔国际化石植物名称索引〕，自愿注册《法规》涵盖的所有化石分类群的名称和模式，包含它们的出版物及这些出版物的作者：https://fossilplants.info/。

Plant Fossil Names Registry〔植物化石名称注册〕，化石植物名称、模式、著作和作者的数据库，提供名称和模式（化石菌物、硅藻及其他可能的化石藻类除外）：https://www.fossilplantnames.org/。

Index Nominum Genericorum〔属名索引〕（ING），有关包括化石在内的藻类、菌物和植物的属名：https://naturalhistory2.si.edu/botany/ing/。

Indices Nominum Supragenericorum Plantarum Vascularium〔维管植物属以上名称索引〕，有关维管植物属以上等级（如族、科、目等）的名称：http://www.plantsystematics.org/reveal/pbio/fam/allspgnames.html。

The Linnaean database〔林奈数据库〕，来自伦敦自然历史博物馆林奈植物名称模式标定项目，是林奈的藻类、菌物和植物名称及其模式的在线编目，也以书籍形式发表在《由乱至序》〔*Order out of chaos*〕（见第145页）中：http://www.nhm.ac.uk/our-science/data/linnaean-typification/databasehome.html。

文献目录

Botanico-periodicum-huntianum, ed. 2〔《亨特植物学期刊》第2版〕（BPH-2；Bridson & al.，2004；详见第145页）：http://www.huntbotanical.org/databases/show.php?1。

Taxonomic literature, ed. 2〔《分类学文献》第2版〕（TL-2；Stafleu & Cowan, 1976~1988；Stafleu & Mennega, 1992~2000；Dorr & Nicolson, 2008~2009；详见第146页）: http://www.sil.si.edu/digitalcollections/tl-2/index.cfm。

数字图书馆

Biblioteca Digital del Real Jardín Botánico de Madrid〔马德里皇家植物园数字图书馆〕，包含一些生物多样性遗产图书馆未包括的出版物：http://bibdigital.rjb.csic.es/spa/index.php。

Biodiversity Heritage Library〔生物多样性遗产图书馆〕，包含约145 000本扫描文献（2019年1月），其中大部分出版于1924年之前，即美国公共领域的材料，尽管在版权法允许的情况下还包括1924年以后出版的材料；也提供了对马德里皇家植物园数字图书馆中材料的链接：https://www.biodiversitylibrary.org/。

Gallica，法国国家文献数字图书馆项目，法文出版物特别丰富：https://gallica.bnf.fr/。

JSTOR，一个学术期刊的数字档案。完全访问需要付费订阅，但是，如果你注册了一个免费的"MyJSTOR"账户，你每月可以免费阅读6篇文章：https://www.jstor.org/。

Seed lists (*indices seminum*)〔种子目录〕，来自莱顿自然生物多样性中心〔Naturalis Biodiversity Center, Leiden〕，对1800~1900年间植物园种子名录中发表的物种描述的指南，包括许多扫描的19世纪以来的种子名录：https://seedlists.naturalis.nl/home.htm。

Google Books〔谷歌图书〕（https://books.google.com/）和**Internet Archive**〔互联网档案馆〕（https://archive.org/）可能对查找无法通过上述资源获得的标题有用。

图书馆目录

许多主要的学术机构，以及国家图书馆和档案馆，已经将其图书馆目录放在网上供检索和浏览。这里没有列出，但可以在网上搜索。然而，以下资源因其覆盖全球而很有用。

Karlsruher Virtueller Katalog（卡尔斯鲁厄虚拟目录），为全球图书馆和贸易目录中的图书、期刊和数字媒体提供强大的搜索界面，特别关注德语国家和其他欧洲国家：https://kvk.bibliothek.kit.edu/。

WorldCat〔世界图书馆联合目录〕，能同时搜索世界各地数以千计的图书馆目录中的书籍和其他材料：https://www.worldcat.org/。

标本馆

世界上的许多标本馆已经（至少部分）数字化，并可以在线获取。它们并未在此列出，但可以在线搜索。以下两个资源具有更广泛的适用范围。

Index Herbariorum〔标本馆索引〕，提供世界上标本馆的详细资料、用于引用它们的标准标本馆代码(如B、KUN、MEXU)、收藏品、现有的工作人员及其联系方式和研究兴趣：http://sweetgum.nybg.org/science/ih/。

JSTOR Global Plants〔JSTOR全球植物〕，来自世界各地大量参与的标本馆的数字化模式标本。尽管元数据（和缩略图）是开放访问的，但是，访问这些图像需要付费订阅：https://plants.jstor.org/。

手迹

Auxilium ad Botanicorum Graphicem〔植物图形辅助〕，提供了手迹图形。这些例子对于评估标本馆标本上的注释以识别潜在模式是很有用的：

http://www.ville-ge.ch/musinfo/bd/cjb/auxilium/index.php。

拉丁文语言工具

A Grammatical Dictionary of Botanical Latin〔植物学拉丁文语法辞典〕，工作仍在进行中，但现在大部分已完成：http://www.mobot.org/mobot/LatinDict/search.aspx。

William Whitaker's Words〔威廉·惠特克词汇〕，一个准确而全面的在线拉英和英拉词典，它有用地包括所有的单词的变格形式变化（不同的格、数、变位、时态，等等）：http://archives.nd.edu/words.html。

术语

Terms used in bionomenclature〔《生物命名法使用的术语》〕（Hawksworth，2010），是一个全面的术语表，包括用于所有学科的生物命名法的术语，即植物学、栽培有机体、菌物学、藻类学、系统发育学、植物社会学、原核生物、病毒和动物等命名法。印刷版及PDF版本，PDF可获取：https://www.gbif.org/document/80577。

参考文献

Arthur, J.C., Barnhart, J.H., Britton, N.L., Brown, S., Clements, F.E., Cook, O.F., Coulter, J.M., Coville, F.V., Earle, F.S., Evans, A.W., Hazen, T.E., Hollick, A., Howe, M.A., Knowlton, F.H., Moore, G.T., Morris, E.L., Murrill, W.A., Rusby, H.H., Shear, C.L., Trelease, W., Underwood, L.M., White, D. & Wight, W.F. 1904. Code of Botanical Nomenclature. *Bull. Torrey Bot. Club* 31: 249–261. https://doi.org/10.2307/2478576

Arthur, J.C., Barnhart, J.H., Britton, N.L., Clements, F.E., Cook, O.F., Coville, F.V., Earle, F.S., Evans, A.W., Hazen, T.E., Hollick, A., Howe, M.A., Knowlton, F.H., Moore, G.T., Rusby, H.H., Shear, C.L., Underwood, L.M., White, D. & Wight, W.F. 1907. American Code of Botanical Nomenclature. *Bull. Torrey Bot. Club* 34: 167–178. https://doi.org/10.2307/2479237

Barkley, T.M., DePriest, P., Funk, V., Kiger, R.W., Kress, W.J., McNeill, J., Moore, G., Nicolson, D.H., Stevenson, D.W. & Wheeler, Q.D. 2004. A review of the *International Code of Botanical Nomenclature* with respect to its compatibility with phylogenetic classification. *Taxon* 53: 159–161. https://doi.org/10.2307/4135502

Bornet, E. & Flahault, C. 1886–1888. Revision des Nostocacées hétérocystées continues dans les principaux herbiers de France. *Ann. Sci. Nat., Bot.*, ser. 7, 3: 323–381; 4: 343–373; 5: 51–129; 7: 177–262. https://biodiversitylibrary.org/page/43093059

Brickell, C.D., Alexander, C., Cubey, J.J. David, J.C., Hoffman, M.H.A., Leslie, A.C., Malecot, V. & Jin, X.–B. (eds.) 2016. *International Code of Nomenclature for Cultivated Plants (ICNCP or Cultivated Plant Code) incorporating the Rules and Recommendations for naming plants in cultivation*, 9th ed., *Adopted by the International Union of Biological Sciences International Commission for the Nomenclature of Cultivated Plants*. Scripta Horticulturae 18. Leuven: International Society for Horticultural Science. https://www.ishs.org/sites/default/files/static/ScriptaHorticulturae_18.pdf

Bridson, G.D.R., Townsend, S.T., Polen, E.A. & Smith, E.R. 2004. *BPH–2: Periodicals with botanical content; Constituting a second edition of Botanico–*

Periodicum–Huntianum, 2 vols. Pittsburgh: Hunt Institute for Botanical Documentation, Carnegie Mellon University.

Briquet, J. 1906. *Règles Internationales de la Nomenclature Botanique adoptées par le Congrès International de Botanique de Vienne 1905.* Jena: Gustav Fischer.

Briquet, J. 1912. *Règles Internationales de la Nomenclature Botanique adoptées par le Congrès International de Botanique de Vienne 1905 deuxième édition mise au point d'après les décisions du Congrès International de Botanique de Bruxelles 1910.* Jena: Gustav Fischer. https://doi.org/10.5962/bhl.title.33717

Briquet, J. 1935. *International Rules of Botanical Nomenclature: Adopted by the International Botanical Congresses of Vienna, 1905, and Brussels, 1910; Revised by the International Botanical Congress of Cambridge, 1930.* Jena: Gustav Fischer.

Brummitt, R.K. & Powell, C.E. 1992. *Authors of plant names: A list of authors of scientific names of plants with recommended standard forms of their names, including abbreviations.* Kew: Royal Botanic Gardens, Kew.

Cachon, J. & Cachon, M. 1969: Contribution à l'étude des *Noctilucidae* Saville–Kent. Evolution morphologique, cytologie, systématique. II. Les *Leptodiscinae* Cachon J. et M. *Protistologica* 5: 11–32.

Camp, W.H., Rickett, H.W. & Weatherby, C.A. 1947. *International Rules of Botanical Nomenclature: Formulated by the International Botanical Congresses of Vienna, 1905, Brussels, 1910, and Cambridge, 1930; Adopted and revised by the International Botanical Congress of Amsterdam, 1935,* unofficial special edition, issued as a service to the members of the American Society of Plant Taxonomists. Brittonia 6(1). New York: New York Botanical Garden and American Society of Plant Taxonomists.

Candolle, A.P. de 1838–1839. *Prodromus systematis naturalis regni vegetabilis, sive enumeration contracta ordinum, generum, specierumque plantarum huc usque cognitarum, juxta methodi naturalis normas digesta,* vol. 7 [part 1, 1838; part 2, 1839]. Parisiis: Sumptibus Sociorum Treuttel et Wurtz. https://doi.org/10.5962/bhl.title.286

Candolle, A. de 1867. *Lois de la Nomenclature Botanique adoptées par le Congrès International de Botanique tenu à Paris en août 1867 suivies d'une deuxième édition de l'introduction historique et du commentaire qui accompagnaient la rédaction préparatoire présentée au Congrès.* Geneve et Bale [Basel]:

H. Georg; Paris: J.–B. Bailliere et fils. https://gallica.bnf.fr/ark:/12148/bpt6k981450

Candolle, A.P. de 1813. *Théorie élémentaire de la botanique*. Paris: Deterville. https://doi.org/10.5962/bhl.title.39705

Cantino, P.D. & Queiroz, K. de 2010. *International Code of Phylogenetic Nomenclature*, version 4c. https://www.ohio.edu/phylocode/

Challis, K.M. & Davies, R.A. 2002. *Index kewensis*, suppl. 21, *Names of seed–bearing plants at the rank of family and below published between January 1996 and the end of 2000 with some omissions from earlier years*. Kew: Royal Botanic Gardens, Kew. https://www.biodiversitylibrary.org/bibliography/66820#/summary

Crantz, H.J.N. 1769. *Classis cruciformium emendata cum figuris aeneis in necessarium instit. rei herbariae supplementum*. Lipsiae: Impensis Ioannis Pauli Kraus. http://bibdigital.rjb.csic.es/ing/Libro.php?Libro=4074

David, J., Garrity, G.M., Greuter, W., Hawksworth, D.L., Jahn, R., Kirk, P.M., McNeill, J., Michel, E., Knapp, S., Patterson, D.J., Tindall, B.J., Todd, J.A., Tol, J. van & Turland, N.J. 2012. Biological nomenclature terms for facilitating communication in the naming of organisms. *ZooKeys* 192: 67–72. https://doi.org/10.3897/zookeys.192.3347

Davidse, G., Soreng, R.J. & Peterson, P.M. 2009. *Agrostopoa* (*Poaceae*, *Pooideae*, *Poeae*, *Poinae*), a new genus with three species from Colombia. *Novon* 19: 32–40. https://doi.org/10.3417/2007132

Dorr, L.J. & Nicolson, D.H. 2008–2009. *Taxonomic literature: A selective guide to botanical publications and collections with dates, commentaries and types*, 2nd ed., suppls. 7–8. Regnum Vegetabile 149, 150. Ruggell: Gantner. http://www.sil.si.edu/DigitalCollections/tl–2/index.cfm

Flann, C., McNeill, J., Barrie, F.R., Nicolson, D.H., Hawksworth, D.L., Turland, N.J. & Monro, A.M. 2015. Report on botanical nomenclature—Vienna 2005. XVII International Botanical Congress, Vienna: Nomenclature Section, 12–16 July 2005. *PhytoKeys* 45: 1–341. https://doi.org/10.3897/phytokeys.45.9138

Flann, C., Turland, N.J. & Monro, A.M. 2014. Report on botanical nomenclature—Melbourne 2011. XVIII International Botanical Congress, Melbourne: Nomenclature Section, 18–22 July 2011. *PhytoKeys* 41: 1–289. https://doi.org/10.3897/phytokeys.41.8398

Fries, E. 1821–1832. *Systema mycologicum, sistens fungorum ordines, genera et species,huc usque cognitas, quas ad normam methodi naturalis determinavit, disposuit atquedescripsit.* 3 vols. [with additional *Index* in vol. 3]. Lundae: Ex Officina Berlingiana [vols. 1 & 2]; Gryphiswaldae: Sumtibus Ernesti Mauritii [vol. 3]. https://doi.org/10.5962/bhl.title.5378

Fries, E. 1828. *Elenchus fungorum, sistens commentarium in systema mycologicum.* 2 vols. Gryphiswaldiae: Sumptibus Ernesti Mauritii. http://bibdigital.rjb. csic.es/ing/Libro.php?Libro=3065; http://bibdigital.rjb.csic.es/ing/Libro. php?Libro=3066

Gandoger, M. 1883–1891. *Flora Europae terrarumque adjacentium sive enumeratio plantarum per Europam atque totam regionem mediterraneam cum insulis atlanticis sponte crescentium, novo fundamento instauranda.* 27 vols. Parisiis: F. Savy; Londini: Bernard Quaritch, Williams and Norgate; Neoboraci: Westermann and Co.; Mediolani: Ulrico Hoepli; Berolini: Friedlander und Sohn [publishers vary between volumes].

Gledhill, D. 2008. *The names of plants*, 4th ed. Cambridge, U.K. & New York: Cambridge University Press. https://doi.org/10.1017/CBO9780511550898

Goldenberg, R., de Fraga, C.N., Fontana, A.P., Nicolas, A.N. & Michelangeli, F.A. 2012. Taxonomy and phylogeny of *Merianthera* (*Melastomataceae*). *Taxon* 61: 1040–1056. https://www.jstor.org/stable/41679349

Gomont, M. 1892–1893. Monographie des Oscillariées (Nostocacees homocystees). *Ann. Sci. Nat., Bot.*, ser. 7, 15: 263–368; 16: 91–264. https://biodiversitylibrary. org/page/43357141

Greuter, W., Burdet, H.M., Chaloner, W.G., Demoulin, V., Grolle, R., Hawksworth, D.L., Nicolson, D.H., Silva, P.C., Stafleu, F.A., Voss, E.G. & McNeill, J. (eds.) 1988. *International Code of Botanical Nomenclature: Adopted by the Fourteenth International Botanical Congress, Berlin, July–August 1987.* Regnum Vegetabile 118. Konigstein: Koeltz Scientific Books.

Greuter, W., Barrie, F.R., Burdet, H.M., Chaloner, W.G., Demoulin, V., Hawksworth, D.L., Jorgensen, P.M., Nicolson, D.H., Silva, P.C., Trehane, P. & McNeill, J. (eds.) 1994. *International Code of Botanical Nomenclature (Tokyo Code): Adopted by the Fifteenth International Botanical Congress, Yokohama, August–September 1993.* Regnum Vegetabile 131. Konigstein: Koeltz Scientific Books. https://archive.bgbm.org/iapt/nomenclature/code/tokyo–e/default.htm

Greuter, W., Hawksworth, D.L., McNeill, J., Mayo, M.A., Minelli, M., Sneath, P.H.A., Tindall, B.J., Trehane, P. & Tubbs, P. (eds.) 1998. *Draft BioCode* (1997): The prospective international rules for the scientific names of organisms. *Taxon* 47: 127–150. https://doi.org/10.2307/1224030159

Greuter, W., McNeill, J., Barrie, F.R., Burdet, H.M., Demoulin, V., Filgueiras, T.S., Nicolson, D.H., Silva, P.C., Skog, J.E., Trehane, P., Turland, N.J. & Hawksworth, D.L. (eds.) 2000. *International Code of Botanical Nomenclature (Saint Louis Code): Adopted by the Sixteenth International Botanical Congress St Louis, Missouri, July–August 1999.* Regnum Vegetabile 138. Konigstein: Koeltz Scientific Books. https://archive.bgbm.org/iapt/nomenclature/code/SaintLouis/0000St.Luistitle.htm

Greuter, W., Garrity, G., Hawksworth, D.L., Jahn, R., Kirk, P.M., Knapp, S., McNeill, J., Michel, E., Patterson, D.J., Pyle, R. & Tindall, B.J. (eds.) 2011. *Draft BioCode (2011)*: Principles and Rules Regulating the Naming of Organisms. *Taxon* 60: 201–212. https://www.jstor.org/stable/41059835

Haller, A. von 1753. *Enumeratio plantarum horti regii et agri gottingensis.* Gottingen: apud Viduam Abrami Vandenhoeckii. https://doi.org/10.5962/bhl.title.47075

Hawksworth, D.L. 2010. *Terms used in bionomenclature: The naming of organisms (and plant communities); Including terms used in botanical, cultivated plant, phylogenetic, phytosociological, prokaryote (bacteriological), virus, and zoological nomenclature.* Copenhagen: Global Biodiversity Information Facility. https://www.gbif.org/document/80577

Hedwig, J. 1801. *Species muscorum frondosorum descriptae et tabulis aeneis lxxvii coloratis illustratae.* Lipsiae: sumtu Joannis Ambrosii Barthii; Parisiis: apud Amand Koenig. https://doi.org/10.5962/bhl.title.26

Hirn, K. E. 1900. Monographie und Iconographie der Oedogoniaceen. *Acta Soc. Sci. Fenn.* 27. https://biodiversitylibrary.org/page/14098280

Hitchcock, A.S. 1929. The relation of nomenclature to taxonomy. Pp. 1434–1439 in: Duggar, B.M. (ed.), *Proceedings of the International Congress of Plant Sciences, Ithaca, New York, August 16–23, 1926.* Menasha, Wisconsin: George Banta Publishing Company.

Hooker, J.D. 1872–1897. *The flora of British India.* 7 vols. London: L. Reeve & Co. https://doi.org/10.5962/bhl.title.678

Iltis, H.H. & Doebley, J.F. 1980. Taxonomy of *Zea* (*Gramineae*). II. Subspecific categories in the *Zea mays* complex and a generic synopsis. *Amer. J. Bot.* 67: 994–1004. https://doi.org/10.1002/j.1537–2197.1980.tb07731.x

International Commission on Zoological Nomenclature 1999. *International Code of Zoological Nomenclature*, 4th ed., *Adopted by the International Union of Biological Sciences*. London: International Trust for Zoological Nomenclature. http://www.nhm.ac.uk/hosted–sites/iczn/code/

International Committee on Taxonomy of Viruses 2018. *The International Code of Virus Classification and Nomenclature. October 2018.* Published at https://talk. ictvonline.org/information/w/ictv–information/383/ictv–code

Jackson, B.D. 1895. *Index kewensis plantarum phanerogamarum: Nomina et synonyma omnium generum et specierum a Linnaeo usque ad annum MDCCCLXXXV complectens nomine recepto auctore patria unicuique plantae subjectis*, 2 vols. Oxford: Clarendon Press. https://doi.org/10.5962/bhl. title.66720

Jacquin, N.J. 1804. *Plantarum rariorum horti caesarei schoenbrunnensis descriptiones et icones*, vol. 4. Viennae: apud C. F. Wappler; Londini: apud B. et J. White; Lugduni Batavorum: apud S. et J. Luchtmans. https://doi. org/10.5962/bhl.title.332

Janda, V., Křiž, M. & Kolařik, M. 2019. *Butyriboletus regius* and *Butyriboletus fechtneri*: typification of two well–known species. *Czech Mycol.* 71: 1–32. http://www.czechmycology.org/_cmo/CM71101.pdf

Jarvis, C. 2007. *Order out of chaos: Linnaean plant names and their types.* London: Linnean Society of London & the Natural History Museum.

Jarvis, C.E., Barrie, F.R., Allan, D.M. & Reveal, J.L. (eds.) 1993. *A list of Linnaean generic names and their types.* Regnum Vegetabile 127. Konigstein: Koeltz Scientific Books.

Jeffrey, C. 1989. *Biological nomenclature*, 3rd ed. London: Edward Arnold.

Jorgensen, P.M. 2012. New names in Gunnerus's *Flora Norvegica*, and their typification. *Taxon* 61: 1088–1095. https://www.jstor.org/stable/41679352

Jussieu, A.L. de 1789. *Genera plantarum secundum ordines naturales disposita juxta methodum in horto regio parisiensi exaratum, anno M. DCC. LXXIV.* Parisiis: apud Viduam Herissant et Theophilum Barrois. https://doi.org/10.5962/ bhl.title.284

Klak, C. & Bruyns, P.V. 2012. Phylogeny of the *Dorotheantheae* (*Aizoaceae*), a tribe of succulent annuals. *Taxon* 61: 293–307. https://www.jstor.org/stable/23210522

Knapp, S., Lamas, G., Nic Lughadha, E. & Novarino, G. 2004. Stability or stasis in the names of organisms: the evolving codes of nomenclature. *Philos. Trans., Ser. B* 359: 611–622. https://doi.org/10.1098/rstb.2003.1445

Kuntze, O. 1891. *Revisio generum plantarum vascularium omnium atque cellularium multarum secundum leges nomenclaturae internationales cum enumeratione plantarum exoticarum in itinere mundi collectarum*, pars 1. Leipzig: Arthur Felix; London: Dulau & Co.; Milano: U. Hoepli; New–York: Gust. E. Stechert; Paris: Charles Klincksieck. https://doi.org/10.5962/bhl.title.327

Lanjouw, J., Baehni, C., Merrill, E.D., Rickett, H.W., Robyns, W., Sprague, T.A. & Stafleu, F.A. (eds.) 1952. *International Code of Botanical Nomenclature: Adopted by the Seventh International Botanical Congress, Stockholm, July 1950*. Regnum Vegetabile 3. Utrecht: International Bureau for Plant Taxonomy and Nomenclature of the International Association for Plant Taxonomy.

Lanjouw, J., Baehni, C., Robyns, W., Rollins, R.C., Ross, R., Rousseau, J., Schulze, G.M., Smith, A.C., Vilmorin, R. de & Stafleu, F.A. (eds.) 1956. *International Code of Botanical Nomenclature: Adopted by the Eighth International Botanical Congress, Paris, July 1954*. Regnum Vegetabile 8. Utrecht: International Bureau for Plant Taxonomy and Nomenclature of the International Association for Plant Taxonomy.

Lanjouw, J., Baehni, C., Robyns, W., Ross, R., Rousseau, J., Schopf, J.M., Schulze, G.M., Smith, A.C., Vilmorin, R. de & Stafleu, F.A. (eds.) 1961. *International Code of Botanical Nomenclature: Adopted by the Ninth International Botanical Congress Montreal, August 1959*. Regnum Vegetabile 23. Utrecht: International Bureau for Plant Taxonomy and Nomenclature of the International Association for Plant Taxonomy.

Lanjouw, J., Mamay, S.H., McVaugh, R., Robyns, W., Rollins, R.C., Ross, R., Rousseau, J., Schulze, G.M., Vilmorin, R. de & Stafleu, F.A. 1966. *International Code of Botanical Nomenclature: Adopted by the Tenth International Botanical Congress Edinburgh, August 1964*. Regnum Vegetabile 46. Utrecht: International Bureau for Plant Taxonomy and Nomenclature of the

International Association for Plant Taxonomy.

Linnaeus, C. 1735 ["1736"]. *Fundamenta botanica quae majorum operum prodromi instar theoriam scientiae botanices per breves aphorismos tradunt.* Amstelodami: apud Salomonem Schouten. http://bibdigital.rjb.csic.es/ing/ Libro.php?Libro=2308

Linnaeus, C. 1753. *Species plantarum, exhibentes plantas rite cognitas, ad genera relatas, cum differentiis specificis, nominibus trivialibus, synonymis selectis, locis natalibus, secundum sytema sexuale digestas*, 2 vols. Holmiae: Impensis Laurentii Salvii. https://doi.org/10.5962/bhl.title.669

Linnaeus, C. 1758–1759. *Systema naturae per regna tria naturae, secundum classes, ordines, genera, species, cum characteribus, differentiis, synonymis, locis*, 10th ed., vol. 1 [1758] and vol. 2 [1759]. Holmiae: Impensis Direct. Laurentii Salvii. https://doi. org/10.5962/bhl.title.542

Luch, R.M. & Lücking, R. 2018. The genus *Halegrapha* new to Hawaii, with the new and potentially endemic species *H. paulseniana* and an updated checklist of Hawaiian lirellate *Graphidaceae* (*Ascomycota*: *Ostropales*). – *Willldenowia* 48: 415–423. https://doi.org/10.3372/wi.48.48311

May, T.W. & Miller, A.N. 2018. XI International Mycological Congress: Guiding Vote on nomenclature proposals to amend Chapter F of the *International Code of Nomenclature for algae, fungi, and plants*. *IMA Fungus* 9: (xv)–(xxi). https:// link.springer.com/article/10.1007/BF03449447

May, T.W. & Redhead, S.A. 2018. Synopsis of proposals on fungal Nomenclature: a review of the proposals concerning Chapter F of the *International Code of Nomenclature for algae, fungi, and plants* submitted to the XI International Mycological Congress, 2018. *IMA Fungus* 9: (ix)–(xiv). https://link.springer. com/article/10.1007/BF03449482

May, T.W., Redhead, S.A., Lombard, L. & Rossman, A.Y. 2018. XI International Mycological Congress: report of Congress action on nomenclature proposals relating to fungi. *IMA Fungus* 9: (xxii)–(xxvii). https://link.springer.com/ article/10.1007/BF03449448

McNeill, J. 2000. Naming the groups: Developing a stable and efficient nomenclature. *Taxon* 49: 705–720. https://doi.org/10.2307/1223972

McNeill, J. 2014. Holotype specimens and type citations: General issues. *Taxon* 63: 1112–1113. https://doi.org/10.12705/635.7

McNeill, J., Barrie, F.R., Burdet, H.M., Demoulin, V., Hawksworth, D.L., Marhold, K., Nicolson, D.H., Prado, J., Silva, P.C., Skog, J.E., Wiersema, J.H. & Turland, N.J. (eds.) 2006. *International Code of Botanical Nomenclature (Vienna Code): Adopted by the Seventeenth International Botanical Congress Vienna, Austria, July 2005.* Regnum Vegetabile 146. Ruggell: Gantner. https://www.iapt–taxon.org/icbn/main.htm

McNeill, J. & Wiersema, J.H. 2018. Guidelines for requests for binding decisions on application of the *Code. Taxon* [without volume, 2 pp.]: https://www.iaptglobal.org/taxon–guidelines

McNeill, J., Barrie, F.R., Buck, W.R., Demoulin, V., Greuter, W., Hawksworth, D.L., Herendeen, P.S., Knapp, S., Marhold, K., Prado, J., Prud'homme van Reine, W.F., Smith, G.F., Wiersema, J.H. & Turland, N.J. (eds.) 2012. *International Code of Nomenclature for algae, fungi, and plants (Melbourne Code): Adopted by the Eighteenth International Botanical Congress Melbourne, Australia, July 2011.* Regnum Vegetabile 154. Konigstein: Koeltz Scientific Books. https://www.iapt–taxon.org/melbourne/main.php

McNeill, J., Redhead, S.A. & Wiersema, J.H. 2018. Guidelines for proposals to conserve or reject names. *Taxon* [without volume, 4 pp.]: https://www.iaptglobal.org/taxon–guidelines

McNeill, J., Shaw, J.M.H. & Wiersema, J.H. 2016. (390) Proposal to preclude homonymy of generic names with names of intergeneric graft–hybrids (chimaeras). *Taxon* 65: 1198–1199. https://doi.org/10.12705/655.39

Micheli, P.A. 1729. *Nova plantarvm genera ivxta Tovrnefortii methodvm disposita Quibus Plantae MDCCCC recensentur, scilicet fere MCCCC nondum observatae, reliquae suis sedibus restitutae; quarum vero figuram exhibere visum fuit, eae ad DL aeneis Tabulis CVIII. graphice expressae sunt; Adnotationibus, atque Observationibus, praecipue Fungorum, Mucorum, affiniumque Plantarum sationem, ortum, & incrementum spectantibus, interdum adiectis.* Florentiae: Typis Bernardi Paperinii. https://doi.org/10.5962/bhl.title.49380

Miller, P. 1768. *The gardeners dictionary: Containing the best and newest methods of cultivating and improving the kitchen, fruit, flower garden, and nursery; As also for performing the practical parts of agriculture: including the management of vineyards, with the methods of making and preserving wine, according to the present practice of the most skilful vignerons in the several wine countries in Europe. Together with directions for propagating and improving, from real practice and experience, all sorts of timber trees, the eighth edition, revised and altered according to the latest system of botany; and embellished with several copper–plates, which were not in some former editions.* London: printed for the author. https://doi.org/10.5962/bhl.title.541

Moench, C. 1794. *Methodus plantas horti botanici et agri Marburgensis, a staminum situ describendi.* Marburgi Cattorum: in officina nova libraria academiae. https://doi.org/10.5962/bhl.title.304

Morison, R. 1680. *Plantarum historiae universalis oxoniensis pars secunda seu herbarum distribution nova, per tabulas cognationis & affinitatis ex libro naturae observata & detecta.* Oxonii: e Theatro Sheldoniano. http://bibdigital. rjb.csic.es/ing/Libro.php?Libro=5551

Motyka, J. 1995–1996. *Porosty* (Lichenes). *Rodzina* Lecanoraceae. 4 vols. Lublin: Lubelskie Towarzystwo Naukowe.

Nicolson, D.H. 1991. A history of botanical nomenclature. *Ann. Missouri Bot. Gard.* 78: 33–56. https://doi.org/10.2307/2399589

Oren, A. & Tindall, B.J. 2005. Nomenclature of the *Cyanophyta/Cyanobacteria/* cyanoprokaryotes under the International Code of Nomenclature of Prokaryotes. *Algol. Stud.* 117: 39–52. https://doi.org/10.1127/1864–1318/2005/0117–0039

Oren, A., Komarek, J. & Hoffmann, L. 2009. Nomenclature of the *Cyanophyta/ Cyanobacteria/*Cyanoprokaryotes – What has happened since IAC Luxembourg? *Algol. Stud.* 130: 17–26. https://doi.org/10.1127/1864– 1318/2009/0130–0017

Ortiz, S. & Zinnecker–Wiegand, U. 2011. Valid publication of names in *Astereae* originally proposed in 1990 in a University of Munich dissertation. *Taxon* 60: 1194–1198. https://www.jstor.org/stable/41317339

Parker, C.T., Tindall, B.J. & Garrity, G.M. (eds.) 2019. International Code of Nomenclature of Prokaryotes. Prokaryotic Code (2008 revision). *Int. J. Syst. Evol. Microbiol.* 69(1A): S1–S111. https://doi.org/10.1099/ijsem.0.000778

Peralta, I.E., Spooner, D.M. & Knapp, S. 2008. Taxonomy of wild tomatoes and their relatives (*Solanum* sect. *Lycopersicoides*, sect. *Juglandifolia*, sect. *Lycopersicon*; *Solanaceae*). *Syst. Bot. Monogr.* 84: 1–186. https://www.jstor. org/stable/i25027970

Perrot, E. (ed.) 1900. *Actes du 1er Congrès International de Botanique. Tenu à Paris à l'occasion de l'Exposition Universelle de 1900.* Lons–le–Saunier: Lucien Declume.

Persoon, C.H. 1801. *Synopsis methodica fungorum. Sistens enumerationem omnium huc usque delectarum specierum cum brevibus descriptionibus nec non synonymis et obeservationibus selectis.* Gottingae: apud Henricum Dieterich. http://bibdigital.rjb.csic.es/ing/Libro.php?Libro=3134; http://bibdigital.rjb.csic. es/ing/Libro.php?Libro=3136

Ralfs, J. 1848. *The British Desmidieae.* London: Reeve, Benham, and Reeve. https://doi.org/10.5962/bhl.title.14791

Royle, J.F. 1833–1840. *Illustrations of the botany and other branches of the natural history of the Himalayan mountains and of the flora of Cashmere,* 2 vols. London: Wm. H. Allen and Co. https://doi.org/10.5962/bhl.title.449

Section for Taxonomy 1929. Round–table discussion: Botanical nomenclature. Pp. 1556–1570 in: Duggar, B.M. (ed.), *Proceedings of the International Congress of Plant Sciences, Ithaca, New York, August 16–23, 1926.* Menasha, Wisconsin: George Banta Publishing Company.

Seemann, B. 1865–1873. *Flora vitiensis: A description of the plants of the Viti or Fiji islands with an account of their history, uses, and properties.* London: L. Reeve and Co. https://doi.org/10.5962/bhl.title.455

Short, E. & George, A. 2013. *A primer of botanical Latin with vocabulary.* Cambridge: Cambridge University Press. https://doi.org/10.1017/CBO9781139525268

Spencer, R., Cross, R. & Lumley, P. 2007. *Plant names: A guide to botanical nomenclature,* 3rd ed. Collingwood: CSIRO Publishing; Wallingford: CABI.

Sprague, T.A. 1950. International rules of botanical nomenclature supplement embodying the alterations made at the Sixth International Botanical Congress, Amsterdam, 1935. Pp. 63–87 in: Lanjouw, J. (ed.), *Botanical nomenclature and taxonomy: A symposium organized by the International Union of Biological Sciences with support of UNESCO at Utrecht, the Netherlands, June 14–19, 1948.* Chronica Botanica 12(1–2). Waltham: Chronica Botanica.

Stafleu, F.A. & Cowan, R.S. 1976–1988. *Taxonomic literature: A selective guide to botanical publications and collections with dates, commentaries and types,* 2nd ed., vols. 1–7. Regnum Vegetabile 94, 98, 105, 110, 112, 115, 116. Utrecht/

Antwerpen: Bohn, Scheltema & Holkema; The Hague/Boston: dr. W. Junk b.v., Publishers. http://www.sil.si.edu/DigitalCollections/tl–2/index.cfm

Stafleu, F.A. & Mennega, E.A. 1992–2000. *Taxonomic literature: A selective guide to botanical publications and collections with dates, commentaries and types*, 2nd ed., suppls. 1–6. Regnum Vegetabile 125, 130, 132, 134, 135, 137. Konigstein: Koeltz Scientific Books. http://www.sil.si.edu/DigitalCollections/tl–2/index.cfm

Stafleu, F.A., Bonner, C.E.B., McVaugh, R., Meikle, R.D., Rollins, R.C., Ross, R., Schopf, J.M., Schulze, G.M., Vilmorin, R. de & Voss, E.G. (eds.) 1972. *International Code of Botanical Nomenclature: Adopted by the Eleventh International Botanical Congress Seattle, August 1969*. Regnum Vegetabile 82. Utrecht: A. Oosthoek's Uitgeversmaatschappij for the International Association for Plant Taxonomy.

Stafleu, F.A., Demoulin, V., Greuter, W., Hiepko, P., Linczevski, I.A., McVaugh, R., Meikle, R.D., Rollins, R.C., Ross, R., Schopf, J.M. & Voss, E.G. (eds.) 1978. *International Code of Botanical Nomenclature: Adopted by the Twelfth International Botanical Congress, Leningrad, July 1975*. Regnum Vegetabile 97. Utrecht: Bohn, Scheltema & Holkema.

Stearn, W.T. 1992. *Botanical Latin: History, grammar, syntax, terminology and vocabulary*, 4th ed. Newton Abbot: David & Charles.

Stearn, W.T. 2006. *Latín botánico: Historia, gramática, sintaxis, terminología y vocabulario*, trans. Joan Manuel del Llano; trans. chapter XXV Neus Villegas, Jaume Vaque. Barcelona: Ediciones Omega.

Sternberg, K. 1820. *Versuch einer geognostisch–botanischen Darstellung der Flora der Vorwelt*, Heft 1: 1–24, t. 1–13. Leipzig und Prag: in Kommission im Deutschen Museum; in Leipzig bei Fr. Fleischer. https://doi.org/10.5962/bhl.title.154066

Torres–Montúfar, A., Borsch, T., Fuentes, S., Clase, T., Peguero, B. & Ochoterena, H. 2017. The new Hispaniolan genus *Tainus* (*Rubiaceae*) constitutes an isolated lineage in the Caribbean biodiversity hotspot. *Willdenowia* 47: 259–270. https://doi.org/10.3372/wi.47.47309

Turland, N.J. 2013. *The Code Decoded. A user's guide to the International Code of Nomenclature for algae, fungi, and plants*. Regnum Vegetabile 155. Konigstein: Koeltz Scientific Books.

Turland, N.J. & Wiersema, J.H. 2013. Procedures and timetable for proposals to amend the *International Code of Nomenclature for algae, fungi, and plants*. *Taxon*, 62: 1071–1072. https://doi.org/10.12705/625.8

Turland, N.J. & Wiersema, J.H. 2017. Synopsis of Proposals on Nomenclature – Shenzhen 2017: A review of the proposals concerning the *International Code of Nomenclature for algae, fungi, and plants* submitted to the XIX International Botanical Congress. *Taxon*, 66: 217–274. https://doi.org/10.12705/661.36

Turland, N.J., Kempa, M., Knapp, S., Senkova, E. & Wiersema, J.H. 2017a. XIX International Botanical Congress: Preliminary guiding mail vote on nomenclature proposals. *Taxon* 66: 995–1000. https://doi.org/10.12705/664.25

Turland, N.J., Wiersema, J.H., Monro, A.M., Deng, Y.–F. & Zhang, L. 2017b. XIX International Botanical Congress: Report of Congress action on nomenclature proposals. *Taxon* 66: 1234–1245. https://doi.org/10.12705/665.16

Turland, N.J., Wiersema, J.H., Barrie, F.R., Greuter, W., Hawksworth, D.L., Herendeen, P.S., Knapp, S., Kusber, W.–H., Li, D.–Z., Marhold, K., May, T.W., McNeill, J., Monro, A.M., Prado, J., Price, M.J. & Smith, G.F. (eds.) 2018. *International Code of Nomenclature for algae, fungi, and plants (Shenzhen Code) adopted by the Nineteenth International Botanical Congress Shenzhen, China, July 2017*. Regnum Vegetabile 159. Glashutten: Koeltz Botanical Books. https://doi.org/10.12705/Code.2018

Velenovsky, J. 1920–1922. České houby. V Praze [in Prague]: Nakladem "Česke Botanicke Společnosti" v Praze. https://doi.org/10.5962/bhl.title.3881

Voss, E.G., Burdet, H.M., Chaloner, W.G., Demoulin, V., Hiepko, P., McNeill, J., Meikle, R.D., Nicolson, D.H., Rollins, R.C., Silva, P.C. & Greuter, W. (eds.) 1983. *International Code of Botanical Nomenclature: Adopted by the Thirteenth International Botanical Congress, Sydney, August 1981*. Regnum Vegetabile 111. Utrecht/Antwerpen: Bohn, Scheltema & Holkema; The Hague/Boston: Dr. W. Junk, Publishers.

Wang, L., Ma, X.–J. & Yang, C.–P. 2012. Two new infraspecific taxa of *Orychophragmus violaceus* (*Brassicaceae*) in northeast China. *Novon* 22: 109–113. https://doi.org/10.3417/2009133

Watts, D. 2000. *Elsevier's dictionary of plant names and their origin*. Amsterdam: Elsevier

Science B.V. Wei, Z. & Pedley, L. 2010. *Craspedolobium* Harms. P. 189 in: Wu,

Z.-Y., Raven, P.H. & Hong, D.-Y. (eds.), *Flora of China*, vol. 10 (*Fabaceae*). Beijing: Science Press; St. Louis: Missouri Botanical Garden Press. http://flora. huh.harvard.edu/china/mss/volume10/index.htm (*Millettieae*).

Wiersema, J.H., McNeill, J., Turland, N.J., Barrie, F.R., Buck, W.R., Demoulin, V., Greuter, W., Hawksworth, D.L., Herendeen, P.S., Knapp, S., Marhold, K., Prado, J., Prud'homme van Reine, W.F. & Smith, G.F. (eds.) 2015a. *International Code of Nomenclature for algae, fungi, and plants (Melbourne Code) adopted by the Eighteenth International Botanical Congress Melbourne, Australia, July 2011. Appendices II–VIII*. Regnum Vegetabile 157. Konigstein: Koeltz Scientific Books.

Wiersema, J.H., McNeill, J., Turland, N.J., Orli, S.S. & Wagner, W.L. 2015b. The foundation of the *Melbourne Code* Appendices: Announcing a new paradigm for tracking nomenclatural decisions. *Taxon* 64: 1021–1027. https://doi. org/10.12705/645.11

Wiersema, J.H., May, T.W. & Turland, N.J. 2017. Report on corrections and future considerations for Appendices II–VIII of the *International Code of Nomenclature for algae, fungi, and plants. Taxon* 66: 772–775. https://doi. org/10.12705/663.38

Wilson, K.L. 2019. Report of the General Committee: 21. *Taxon* 68: 160–162. https://doi.org/10.1002/tax.12011

Xue, B., Su, Y.C.F., Thomas, D.T. & Saunders, R.M.K. 2012. Pruning the polyphyletic genus *Polyalthia* (*Annonaceae*) and resurrecting the genus *Monoon. Taxon* 61: 1021–1039. https://www.jstor.org/stable/41679348

缩写、缩略词、符号和拉丁文单词

下面的列表包括了《法规》中使用的所有缩写，也包括许多通常在生物命名中使用的其他缩写、缩略词、符号和拉丁文词汇。在附录1~VII（这些附录除了介绍外均使用拉丁文）中使用的各种拉丁文词汇。完整的拉丁文词汇（但不包括其缩写）以斜体显示。《法规》对某些缩写一以贯之使用特定形式，如对于图版为"t."而非"tab."，对于亚属为"subg."而非"subgen."。在此情形下，两种形式均列出，相应指明《法规》使用的形式。在此，给出一些《法规》根本不使用的术语，如"nom. ambig."，但是，《法规》中不存在的术语其本身并不意味着那个术语不正确而不应使用。通常与生物学相关的更完整的列表可见威廉姆·斯特恩的《植物学拉丁文》（Stearn，1992: 350~358）的符号和缩写章节（第24章）。

《法规》包括一个特意与《法规》的正文密切联系的术语表，因此，在术语表中给出的定义适用于在《法规》中的相关规则和辅则，并使用了基本一致的措辞。许多在《法规》中使用但未定义的额外术语也在术语表中收录并定义，然而，那些即使在生命命名中使用但在《法规》中没有使用的术语则在术语表中予以省略。对于那些包括附加术语的更广泛的术语表见霍克斯沃斯的《生物命名学中使用的术语》〔*Terms used in bionomenclature*〕（Hawksworth，2010）。有了这两个最新的术语表可使用，在这里再提供另一个术语表似乎就非常多余了。

注意，一个由1至7个大写字母组成的短序列（特别是在标本引用中）可能是标本馆索引（http://sweetgum.nybg.org/science/ih/）中给出的标本馆的一个标准代码，如K代表皇家植物园邱园，MO代表密苏里植物园和PERTH代表西澳大利亚标本馆。

记住，书和期刊的标题、人名和地名以及其他许多词汇的缩写是过去年代中由于纸张和印刷的高成本而刺激形成的习惯，目的是将文本尽可能保持简洁。尽管使用缩写和缩略词可减少可能影响可读性的重复，但是，对于电子出版物就已不再需要如此节俭了。如果存在任何歧义或难以理解的可能性，好的做法是至少在它们首次在文本中出现时将缩写和缩略词拼写完整，将缩写或缩略词引用在括号内并在此后使用。

! – 用于指明一份标本已经看过，如 *Smith 123* (K!)

* – 在附录中的一个条目前时，表示由总委员会批准的一个提案；名称的保留
　　或废弃或出版物的禁止需由下一届国际植物学大会的决议批准

*Ex. – 表决过的例子（见条款7*例16脚注）

& al., et al. – *et alii*，和其他（《法规》使用& al.）；*et aliorum*，和其他的

&，*et* – 和（《法规》使用&）

× – 指示一个杂种

=，（＝）– 异模式（即分类学的）异名

≡，（≡））– 同模式（即命名学的）异名

（H）– 同名，用在附录中

（NH）– 不是同名，用在附录中

（P）– 保护名称，用在附录中，仅指菌物的名称

A

ad t. – *ad tabulam*，在图版中，引用与一副图示相关的出版物出处时使用

aff. – *affinis (affine)*，类似于，与……有关

an – 可能是……?，多见于20世纪以前的著作中，常见于有疑问的异名前

ante – 之前，用在引用一个日期时

ap. – 见 *apud*

App. – 附录

apud，ap. – 具有，在……的著作中（等同于*in*，参后）

Art. – 条款

auct. – *auctorum*，作者的，用于一个误用名称

auct. non – *auctorum non*……，作者的，不是……，用于一个误用名称，插入
　　原始作者的名字前，如"*Ficus exasperata*" auct. non Vahl

B

BPH-2 – *Botanico-periodicum-huntianum*，ed. 2《亨特植物学期刊》第2版

C

c.，ca. – *circa*，*circiter*，大约

cancellans – 取消，用于插入在一本书中的更正页面，以代替取消的页面

cf. – *confer*，比较（祈使语）

cl. – *classis*，纲；在一些早期的著作中可能是*clarissimus*，用在人名前意思是"非常著名的"

comb. & stat. nov.，comb. et stat. nov. – *combinatio et status novi*，新组合和新等级名称

comb. in stat. nov. – *combinatio in statu novo*，"新等级上的组合"；不常见，显然是维尔纳·格罗伊特〔Werner Greuter〕的创造，用于当相同组合之前已在一个不同等级发表，以及一个不同组合之前已在相同等级发表，且所有的3个组合都是同模式的（见条款6例13）

comb. inval. – *combinatio invalida*，"不合格的组合"，即不是合格发表的

comb. nov. – *combinatio nova*，新组合

corr. – *correxit*，他/她已更正

cv. – 品种，但这个术语在书写一个品种的名称时不使用（见第121页）

D

deest – 它失踪了，用于一个失踪的模式标本

det. – *determinavit*，他/她已鉴定，在标本的鉴定签上跟随一个人的姓名和日期

Div. – 篇

DOI – 数字对象标识符，通常引用为一个URL，如https://doi.org/10.12705/Code.2018

E

e.g. – *exempli gratia*，例如

ed. – *editio*，版本

emend. – *emendavit*，他/她已修订，当一个分类群的鉴别性特征或界定改变而不排除模式时使用

epi. – *epitypus*，附加模式

et – 见 &

et al. – 见 & al.

etc. – *et cetera*，和其他的

etiam vide – 也见

ex – 自，出自，*ex-typo*，衍生模式，用于一个从永久保存在代谢停滞状态的藻类或菌物的模式培养物中获得的一个活的分离物；也用在作者引用中，如Benth. ex Rchb.（见第87~88页）

Ex. – 例子

excl. gen. – *excluso genere (exclusis generibus)*，排除属，当一个分类群的界定
改变（不排除模式）时

excl. sp. – *exclusa specie (exclusis speciebus)*，排除种

excl. specim. – *excluso specimine (exclusis speciminibus)*，排除标本

excl. var. – *exclusa varietate (exclusis varietatibus)*，排除变种

F

f. – *forma*，变型；或 *filius*，儿子；也为 *figura*，图（但在《法规》中使用 fig.）

f. nov. – *forma nova*，新变型

fam. – *familia*，科

fam. nov. – *familia nova*，新科

fide – ……的信仰，……的保证，即根据

fig. – *figura*，图

fil. – *filius*，儿子（但《法规》使用 f.）

fo. – *forma*，变型（但《法规》使用 f.）

G

gen. – *genus*，属；或性

gen. fem. cons. – *genus femininum conservandum*，保留为阴性

gen. masc. cons. – *genus masculinum conservandum*，保留为阳性

gen. neut. cons. – *genus neutrum conservandum*，保留为中性

gen. nov. – *genus novum*，新属

H

herb. – *herbarium*，标本馆

holo., HT. – *holotypus*，主模式

hort. – *hortorum*，园艺的，或 *hortulanorum*，园艺家的，有时见于作者引用中

HT. – 见 holo.

HTML – 超文本标记语言

I

i.e. – *id est*，即

IAPT – 国际植物分类学会

ib., ibid. – *ibidem*，在相同的地方

IBC –国际植物学大会

ICBN –*International Code of Botanical Nomenclature*，《国际植物命名法规》

ICN –*International Code of Nomenclature for algae, fungi, and plants*，《国际藻类、菌物和植物命名法规》（但在《深圳法规》中不使用，因为它可能指5个生物法规中的任何一个，最好避免使用）

ICNCP –*International Code of Nomenclature for Cultivated Plants*，《国际栽培植物命名法规》

ICNP –*International Code of Nomenclature of Prokaryotes*，《国际原核生物命名法规》

icon, ic. – 图像，即一副图示

ICZN –*International Code of Zoological Nomenclature*，《国际动物命名法规》

idem – 相同

IMA –国际菌物学联盟

IMC – 国际菌物学大会

in – 在，用在参考文献引用，如Hance in J. Bot., R. Br. in Aiton, Hort. Kew., ed. 2（见第88~89页）

in herb. – *in herbario*，在标本馆

in litt. – *in litteris*，在书信中，在通讯中

in sched. – *in scheda* (*schedis*), *in schedula* (*schedulis*)，在标签上，即在标本馆台纸上或标签上

in syn. – *in synonymia*，在异名关系中；或*in synonymis*，在异名中

incertae sedis – 字面意思为"位置不确定的"，即不确定的（分类学）位置的

incl. –包括

ined. – *ineditus*，未发表的

IPNI – 国际植物名称索引（International Plant Names Index, https://www.ipni.org/）

iso. – *isotypus*，等模式，主模式的一个复份

isoepi. – *isoepitypus*，等附加模式，附加模式的一个复份

isolecto. – *isolectotypus*，等后选模式，后选模式的一个复份

isoneo. – *isoneotypus*，等新模式，新模式的一个复份

isosyn. – *isosyntypus*，等合模式，合模式的一个复份

L

l.c. –见 loc. cit.

lecto., LT. – *lectotypus*，后选模式

leg. – *legit*，他/她采集的

loc. cit., l.c. – *loco citato*，在已引用的地方

LT. –见 lecto.

M

m. – *mihi*，字面上"给我"，过去用在一个作者将名称归属于他/她自己时；也为"米"；也为 *manu*，在/通过手写的；也为 *mons*，山，在拉丁文文本中表示地理产地

med. – *medio*，中间的，（在一月或一年的）中期，用于引用日期

MS., ms. – *manuscriptum*，手稿

MSS., mss. – *manuscripta*，手稿（复数）

mut. char. – *mutatis characteribus*，具有变更的特征，当一个分类群的鉴别性特征或界定改变但不排除模式时使用

N

n. –见 no., nob., notho-, 和 nov.

n.s. –新系列，在参考文献的环境中，如一个期刊的

n.v. – *non vidi*，我未见；或 *non visus* (*-a*, *-um*)，未见

nec – 且不是，也不是

neo., NT. – *neotypus*，新模式

nm. –杂交型，一个给予杂交分类群的已废弃的等级指示术语，现处理为变种（条款H.12.2）

no., n., nr. – *numero*，编号

nob., n. – *nobis*，"给我们"，过去用在作者将名称归属于他们自己时

nom. alt. – *nomen alternativum*，互用名称

nom. ambig. – *nomen ambiguum*，不明确的名称，应用不明确的

nom. confus. – *nomen confusum*，混淆的名称，应用混淆的

nom. cons. – *nomen conservandum*，应予保留名称

nom. cons. prop. – *nomen conservandum propositum*，提议保留的名称

nom. dub. – *nomen dubium*，有疑问的名称，应用有疑问的

nom. illeg. – *nomen illegitimum*，不合法名称

nom. illeg. superfl. – *nomen illegitimum superfluum*，由于发表时是命名上多余的而为不合法的名称

nom. inval. – *nomen invalidum*，"不合格名称"，即不合格发表的

nom. legit. – *nomen legitimum*，合法名称

nom. non rite publ. – *nomen non rite publicatum*，名称未正确地（即合格地）发表

nom. nov. – *nomen novum*，字面上"新名称"，即替代名称

nom. nud. – *nomen nudum*，裸名，即无合格描述或特征集要或对其引证

nom. obsc. – *nomen obscurum*，晦涩名称，应用晦涩的

nom. prov. – *nomen provisorium*，暂用名称

nom. rej. – *nomen rejiciendum*，应予废弃的名称

nom. rej. prop. – *nomen rejiciendum propositum*，提议废弃的名称

nom. sanct. – *nomen sanctionatum*，认可名称

nom. subnud. – *nomen subnudum*，近裸名，即对其描述或特征集要被认为在某些方面对于合格发表而言是不充分的名称

nom. superfl. – *nomen superfluum*，多余名称

nom. utique rej. – *nomen utique rejiciendum*，在某些情形下应予废弃的名称，禁止名称

non – 不

non designatus – 未指定

notho-，n- – 指示一个杂交分类群的前缀，如杂交属nothogenus，杂交种nothospecies，杂交亚种nothosubsp.，杂交亚种nsubsp.

nov.，n. – *novus*，*nova*，*novum*，新的，如comb. nov.，nom. nov.，sp. nov.，stat. nov.（参见相关条目）

nr. – 见no.

NT. – 见neo.

O

obs. – *observatio*，观察

op. cit. – *opere citato*，在已引用的著作中

ord. – *ordo*，目

orth. cons. – *orthographia conservanda*，应予保留的缀词法（即拼写）

orth. var. – 缀词变体

P

p. –*pagina*，page页面

PDF – 可移植文档格式

p.p. – *pro parte*，部分

para. – *paratypus*，副模式

post – 之后，用于引用日期

Pre. –导言

prim. – *primo*，在开始，（在一月或一年的）早期，引用一个日期时使用

pro hybr. – *pro hybrida*，作为杂种

pro sp. – *pro specie*，作为种

pro syn. – *pro synonymo*，作为异名

pro var. – *pro varietate*，作为变种

Prov. –规程（在第三篇中）

Q

q.v. – *quod vide*，参见

quoad – 作为，至于，关于

R

Rec. –辅则

recte – 恰当地，正确地

S

S .ampl. – *sensu amplo*，在大的（足够的）的意义上；或*sensu amplificato*，在扩大的（放大的）意义上

s.ann. – *sine anno*，没有年份

s.coll. – *sine collectore*，没有采集人

s.d. – *sine die*，没有日期，即未标日期的

s.l.，s.lat. – *sensu lato*，在广义上（《法规》使用）；也可在地理产地陈述中指海平面

s.loc. – *sine loco*，没有地点

s.n. – *sine numero*，没有编号，用于未编号的采集，如Wallich s.n.；也为*series nova*，新系（等同于n.s.，参见该条目）

s.str.，s.s. – *sensu stricto*，在狭义上（《法规》使用s. str.）

sec. – *secundum*或*secus*，跟随，之后，根据

sect. – *sectio*，组

sensu – 在……的意义/观点，跟随一个人名；也见s.ampl.，s.l.，和s.str.

ser. – *series*，系，即等级；也可指期刊的一个系列，如ser. 2

sero –（在一月或一年的）晚期，当引用日期时使用

sine – 无

sp. – *species*，种

sp. nov. – *species nova*，新种

spec. – *specimen*，标本；也为*species*，种

sphalm. – *sphalmate*，由于差错，错误地

ssp. – 见subsp.

stat. nov. – *status novus*，新等级名称

sub- –用在等级指示术语中的前缀，如亚科subfamily，亚种subspecies；也为*sub*，之下

subcl. – *subclassis*，亚纲

subf. – *subforma*，亚变型

subfam. – *subfamilia*，亚科

subg.，subgen. – *subgenus* 亚属(《法规》中使用subg.)

subord. – *subordo*，亚目

subsect. – *subsectio*，亚组

subser. – *subseries*，亚系

subsp.，ssp. – *subspecies*，亚种（《法规》中使用subsp.）

subtr. – *subtribus*，亚族

subvar. – *subvarietas*，亚变种

syn. – *synonymum*，异名；也为*syntypus*，合模式

syn. nov. – *synonymum novum*，新异名，即一个名称被首次处理为一个异模式异名时的分类学行为，或一个名称被模式标定而变为一个同模式异名时的分类学行为

T

T. –*typus*，模式

t.，tab. – *tabula*，图，即图版，图示（《法规》中使用t.）

teste – 通过……的见证，即根据

TL-2 – *Taxonomic literature*，ed. 2《分类学文献》第2版

tr. – *tribus*，族

trans. nov. – *translatio nova*，新转移，即相同等级上的新组合（《法规》使用
    comb. nov.）

typ. cons. – *typus conservandus*，应保留模式

typ. des. – *typi designatio*，指定模式

typus – 模式

U

URL – 统一资源定位符，即一个因特网地址

V

v.s. – *vidi siccam*，我已见干（植物），即标本馆标本

v.v. – *vidi vivam*，我已见活（植物）

var. – *varietas*，变种

var. nov. – *varietas nova*，新变种

vel – 或

vide – 见（祈使语）

vidi – 我已见

主题词索引

JSTOR 149

全球植物 56，150

NCU（现在使用的名称） 5

nom. alt.，见互用名称

nom. cons.，见保留名称

nom. illeg.，见名称，不合法的

nom. inval.，见不合格名称

nom. nov.，见新名称

nom. nud.，见裸名

nom. prov.，见暂用名称

nom. rej.，见必须废弃的名称

nom. sanct.，见认可名称

nom. subnud.，见半裸名

PDF，见可移植文档格式

pro hybr.（作为杂种） 118

pro sp.（作为种） 118

pro syn.（作为异名） 33

stat. nov.（新地位） 13，也见名称，在新等级

TL-2，见《分类学文献》第 2 版

Tropicos 56，148

u/v，的使用 92

A

澳大利亚植物名称索引 147

B

半裸名 81，84

保护 78~79，111~112

的日期 126

保留 75~78，也见附录 IIA，IIB，III，IV，V；菌物的认可

V；菌物的认可

的日期 126

具有保留模式 76

模式的 76

布雷顿规则 139，141

C

擦不掉的手写体 20，125

采集

　　单一 32，70，73

　　的引用 61，63

　　定义 8~9，61

"产地模式" 63

称谓 47，也见重词名

　　定义 10

乘号（×），见杂种

出版物，发表

　　合格的，见合格发表

　　有效的，见有效出版物

出版物，见生物命名法资源

初步的指导性投票 132

存储库，命名的 27，37，69~70，105，109~110，113，115，128~129，135，148

D

"盗模式" 63

等附加模式 62，69~70

等号（＝） 14，84

等合模式 62，65

等后选模式 48~49，62

等级 8，45~50

　　的指明 35，123~125

　　定义 8，50~51

　　连续的且从属的 8

　　在确定正确名称时 50~51

等级指示词尾 38~40，104，108

等级指示术语 8~9，12，31，41，43，117，123

　　缩写 8~9，31

等名

K

L

M

无效出版物，见有效出版物

误用名称　47

X

希腊文（来源的）名称　2，91~92，96，99

系，见属的次级区分

系统学，见分类学

细菌，法规，见《国际原核生物命名法规》

新等级名称，见名称

新分类群名称，合格发表，见名称

新名称　14，也见替代名称

新命名，定义　14

新模式　62，64~66

　　何时（未）指定　55，65

　　取代　70~71

　　寻找存在的　56

新模式标定，也见新模式

　　程序　63~66

　　第一和第二步　70

新种，新分类群等，见名称，新分类群

新组合　29~30

　　定义　13

　　合格发表　24，35~36，125，128

　　自动模式标定的　60

　　作者引用　89

星号（*）

　　表示表决的例子（*Ex.）　17

　　在附录中　84

性　101~102，也见缀词法

　　被作者归属的　110

　　的选择　101~102

　　复合属名的　101~102

　　规则　101~102

　　由命名传统归属　101

Z

译后记

　　《解译法规》是现任《国际藻类、菌物和植物命名法规》的总报告人尼古拉斯·特兰德撰写的《法规》的使用指南。《法规》措辞严谨，一些条文晦涩难懂，对于初学者难以理解。而《解译法规》则使用通俗易懂的语言对《法规》相关的条文进行解读，对于正确理解和使用《法规》很有帮助。在《解译法规》第1版出版后，我们组织国内几名年轻同仁对其进行了翻译（解译法规翻译组译，解译法规——《国际藻类、菌物和植物命名法规》读者指南，2014，高等教育出版社），受到国内同行的青睐，至今市场早已经脱销；而且直至最近，还有同行在询问该书。

　　《深圳法规》出版后，原书作者即根据《深圳法规》对该书进行了修订，出版了第2版，由Pensolf出版，可在线免费获取。《深圳法规》是2017年在我国深圳召开的第十九届国际植物学大会上通过的。在此次大会上，我们全程出席了命名法分会，参与了《深圳法规》修改的全过程。《深圳法规》出版后，本次命名法分会的副主席李德铢、书记员邓云飞和张力对《深圳法规》进行了翻译，并于2021年由科学出版社出版。《深圳法规》中文版出版后，我们即着手对《解译法规》的第二版进行了翻译。

　　《解译法规》第2版的翻译过程中，术语完全采用了《深圳法规》中文版中的译法，并在一些措辞上也力求保持一致，在一些排版和印刷风格上也与该书保持一致，以更好地帮助读者理解《法规》。正如历版《法规》的前言中所述，学名的斜体与否不是命名法的问题，而是排版风格与政策问题，因此，《法规》对此并无规定，但是，《法规》一以贯之地对所有等级的名称采用斜体，本书也采用对所有等级的名称采用斜体。在《深圳法规》和本书的英文版中，"[]"有其特别含义，用于表示对所引用内容的解释性说明。因此，与《深圳法规》中文版一样，在本书中文版中为便于区别而使用了"〔〕"，用于对原文中应直接引用而无须翻译的术语、人名或书籍等的中文翻译，或者是在已译为中文的术语首次出现时列出的相应英文。

　　由于受疫情等原因的影响一直未能得以及时出版。《深圳法规》在有关菌物的规则和《法规》的管理等两个方面做了较大的修订，而从目前已发表的修改《深圳法规》的提案来看，2024年在马德里召开的第二十届国际植物学大会上对《法规》的修订应该不会太大。因此，《解释法规》第2版对国内植物分类学家尤其是初学者理解《法规》仍会有所帮助。如果读者能从中得到或找到自己需要的内容，我们则会倍感欣慰。

感谢本书的版权所有人尼古拉斯·特兰德慷慨同意我们再次对《解译法规》一书的翻译。

由于译者水平所限，错误在所难免，恳请批评指正。

邓云飞　马金双